CONTEÚDO DIGITAL PARA ALUNOS
Cadastre-se e transforme seus estudos em uma experiência única de aprendizado:

1 Entre na página de cadastro:
https://sistemas.editoradobrasil.com.br/cadastro

2 Além dos seus dados pessoais e dos dados de sua escola, adicione ao cadastro o código do aluno, que garantirá a exclusividade do seu ingresso à plataforma.

4935483A2002607

3 Depois, acesse: https://leb.editoradobrasil.com.br/
e navegue pelos conteúdos digitais de sua coleção :D

Lembre-se de que esse código, pessoal e intransferível, é valido por um ano. Guarde-o com cuidado, pois é a única maneira de você acessar os conteúdos da plataforma.

CB037156

Editora do Brasil

AKPALÔ
GEOGRAFIA

Roseni Rudek
- Licenciada em Geografia pela Universidade Federal do Paraná (UFPR)
- Professora da rede particular de ensino

Lilian Sourient
- Licenciada em Ciências Sociais pela Universidade Federal do Paraná (UFPR)
- Professora municipal por 30 anos

1º ANO
Ensino Fundamental
Anos Iniciais

GEOGRAFIA

AKPALÔ
Palavra de origem africana que significa "contador de histórias, aquele que guarda e transmite a memória do seu povo".

São Paulo, 2019
4ª edição

Editora do Brasil

Dados Internacionais de Catalogação na Publicação (CIP)
(Câmara Brasileira do Livro, SP, Brasil)

Rudek, Roseni
  Akpalô geografia, 1º ano / Roseni Rudek, Lilian Sourient. – 4. ed. – São Paulo : Editora do Brasil, 2019 – (Coleção akpalô).

  ISBN 978-85-10-07426-1 (aluno)
  ISBN 978-85-10-07427-8 (professor)

  1. Geografia (Ensino fundamental) I. Sourient, Lilian. II. Título. III. Série.

19-26172   CDD-372.891

Índices para catálogo sistemático:
1. Geografia: Ensino fundamental 372.891
Maria Alice Ferreira - Bibliotecária - CRB-8/7964

4ª edição / 2ª impressão, 2023
Impresso no Parque Gráfico da FTD Educação

Rua Conselheiro Nébias, 887
São Paulo, SP – CEP 01203-001
Fone: +55 11 3226-0211
www.editoradobrasil.com.br

© Editora do Brasil S.A., 2019
Todos os direitos reservados

Direção-geral: Vicente Tortamano Avanso

Direção editorial: Felipe Ramos Poletti
Gerência editorial: Erika Caldin
Supervisão de arte e editoração: Cida Alves
Supervisão de revisão: Dora Helena Feres
Supervisão de iconografia: Léo Burgos
Supervisão de digital: Ethel Shuña Queiroz
Supervisão de controle de processos editoriais: Marta Dias Portero
Supervisão de direitos autorais: Marilisa Bertolone Mendes

Coordenação editorial: Júlio Fonseca
Coordenação pedagógica: Josiane Sanson
Edição: Gabriela Hengles e Guilherme Fioravante
Assistência editorial: Manoel Leal de Oliveira e Patrícia Harumi
Auxílio editorial: Douglas Bandeira
Consultoria técnica: Gilberto Pamplona
Coordenação de revisão: Otacilio Palareti
Copidesque: Gisélia Costa, Ricardo Liberal e Sylmara Beletti
Revisão: Alexandra Resende e Elaine Cristina da Silva
Pesquisa iconográfica: Daniel Andrade, Elena Molinari e Enio Lopes
Assistência de arte: Livia Danielli
Design gráfico: Estúdio Sintonia e Patrícia Lino
Capa: Megalo Design
Imagens de capa: anek.soowannaphoom/Shutterstock.com, FatCamera/iStockphoto.com e master1305/iStockphoto.com
Ilustrações: Adolar, Bruna Assis (abertura de unidade), DAE (Departamento de Arte e Editoração), Danillo Souza, Dayane Cabral Raven, Erik Malagrino, Estúdio Kiwi, Estúdio Mil, Fábio Nienow, George Tutumi, Gutto Paixão, Kanton, Kau Bispo, Leonardo Conceição, Marco Cortez, Marcos de Mello, Paulo José e Simone Ziasch
Coordenação de editoração eletrônica: Abdonildo José de Lima Santos
Editoração eletrônica: Talita Lima
Licenciamentos de textos: Cinthya Utiyama, Jennifer Xavier, Paula Harue Tozaki e Renata Garbellini
Controle de processos editoriais: Bruna Alves, Carlos Nunes, Rafael Machado e Stephanie Paparella

QUERIDO ALUNO,

O MUNDO PROVOCA EM NÓS GRANDE CURIOSIDADE. ELE É BASTANTE AMPLO, REPLETO DE PESSOAS E DE DIFERENTES PAISAGENS, MAS TAMBÉM PODE SER BEM PEQUENO QUANDO ANALISAMOS O ESPAÇO DE VIVÊNCIA, QUE PODE SER NOSSA CASA OU A RUA ONDE MORAMOS, POR EXEMPLO.

ESTE LIVRO FOI ESCRITO PARA VOCÊ COMPREENDER MELHOR O LUGAR EM QUE VIVE, AS PAISAGENS, AS PESSOAS E A MANEIRA PELA QUAL ELAS SE RELACIONAM COM O ESPAÇO E COM OS OUTROS.

NELE VOCÊ ENCONTRARÁ FOTOGRAFIAS, ILUSTRAÇÕES E MAPAS DE DIVERSOS LUGARES, ALÉM DE EXPLICAÇÕES, POEMAS, MÚSICAS, REPORTAGENS E TEXTOS QUE O AJUDARÃO A ENTENDER O ESPAÇO GEOGRÁFICO.

AS ATIVIDADES SÃO DIVERSIFICADAS E ABORDAM INÚMERAS SITUAÇÕES, NAS QUAIS VOCÊ SERÁ CONVIDADO A REFLETIR, DESCOBRIR, PESQUISAR E SE DIVERTIR. E O PRINCIPAL: TUDO ISSO DESPERTARÁ SEU INTERESSE PELO CONHECIMENTO.

ESTA COLEÇÃO FOI FEITA PARA VOCÊ. ESPERAMOS QUE GOSTE!

APROVEITE BEM O ANO!

AS AUTORAS

SUMÁRIO

UNIDADE 1
EU E O MUNDO AO REDOR 6

CAPÍTULO 1: QUEM SOU E ONDE ESTOU 8
ESPELHO, ESPELHO MEU 8
REPRESENTANDO O CORPO 9
MEU CORPO NO ESPAÇO 12

CAPÍTULO 2: NÓS E O AMBIENTE 14
FRIO OU CALOR? 14
MUDANÇAS NO AMBIENTE 15
DIA E NOITE 18

> **COMO EU VEJO:** O CICLO DA NATUREZA 20
> **COMO EU TRANSFORMO:** CALENDÁRIO AGRÍCOLA 22

> **HORA DA LEITURA:** OLHANDO O ESPELHO 23
> **REVENDO O QUE APRENDI** 24
> **NESTA UNIDADE VIMOS** 26
> **PARA IR MAIS LONGE** 27

UNIDADE 2
NOSSOS LUGARES 28

CAPÍTULO 1: UM LUGAR PARA MORAR 30
OS TRÊS PORQUINHOS 30
AS DIFERENTES MORADIAS 31
PARTES DA MORADIA 34

CAPÍTULO 2: ESPAÇO DE APRENDER 36
ESCOLA, LUGAR DE CONVIVER 36
A IMPORTÂNCIA DA ESCOLA 37

> **#DIGITAL:** A ESCOLA E SEUS ARREDORES 40

> **GEOGRAFIA EM AÇÃO:** PROFESSOR TAMBÉM APRENDE 41
> **REVENDO O QUE APRENDI** 42
> **NESTA UNIDADE VIMOS** 44
> **PARA IR MAIS LONGE** 45

UNIDADE 3
ATIVIDADES NOS ESPAÇOS COLETIVOS 46

CAPÍTULO 1: FORMAS DE BRINCAR 48
QUANDO A GENTE BRINCA 48
JOGOS E BRINCADEIRAS 49

CAPÍTULO 2: LUGARES PARA SE DIVERTIR 52
COLORINDO PARA BRINCAR 52
ONDE ACONTECE A DIVERSÃO 53
EVENTOS NOS ESPAÇOS PÚBLICOS 56

> **COMO EU VEJO:** BRASIL BRINCANTE 58
> **COMO EU TRANSFORMO:** LIVRO DE BRINCADEIRAS 60

> **HORA DA LEITURA:** MAPA DE UM LUGAR MÁGICO 61
> **REVENDO O QUE APRENDI** 62
> **NESTA UNIDADE VIMOS** 64
> **PARA IR MAIS LONGE** 65

UNIDADE 4
O TRABALHO NOS LUGARES DE VIVÊNCIA 66

CAPÍTULO 1: O TRABALHO NA ESCOLA 68
COMO É SEU PROFESSOR? 68
OS PROFISSIONAIS DA ESCOLA 69

> **#DIGITAL:** ENTREVISTA NA ESCOLA 71

CAPÍTULO 2: OUTROS PROFISSIONAIS 74
TRABALHADORES DA RUA 74
TRABALHADORES DA CIDADE 75
TRABALHADORES DO CAMPO 77

> **GEOGRAFIA EM AÇÃO:** MULHERES QUE CONSTROEM 79
> **REVENDO O QUE APRENDI** 80
> **NESTA UNIDADE VIMOS** 82
> **PARA IR MAIS LONGE** 83

REFERÊNCIAS 84
ATIVIDADES PARA CASA 85
CADERNO DE CARTOGRAFIA 117
ENCARTES 123

- O QUE CADA CRIANÇA DA IMAGEM ESTÁ FAZENDO?
- LOCALIZE O CACHORRO, OS LIVROS E A BOLA. QUAL CRIANÇA ESTÁ MAIS PRÓXIMA DA BOLA?
- COMO É A CRIANÇA QUE ESTÁ SENTADA EMBAIXO DA ÁRVORE?

CAPÍTULO 1
QUEM SOU E ONDE ESTOU

ESPELHO, ESPELHO MEU

O QUE VOCÊ VÊ QUANDO SE OLHA NO ESPELHO? FAÇA UM AUTORRETRATO.

1 QUE CARACTERÍSTICAS FÍSICAS VOCÊ MOSTROU NO DESENHO?

REPRESENTANDO O CORPO

NA PÁGINA ANTERIOR VOCÊ DESENHOU UM AUTORRETRATO. ESSA É UMA FORMA DE REPRESENTAÇÃO DO CORPO. TAMBÉM PODEMOS REPRESENTÁ-LO EM PINTURAS, FOTOGRAFIAS OU ESCULTURAS.

◆ PINTURA

▶ ARTHUR TIMÓTHEO DA COSTA. *AUTORRETRATO*, 1908. ÓLEO SOBRE TELA, 41 CM × 33 CM.

◆ ESCULTURA

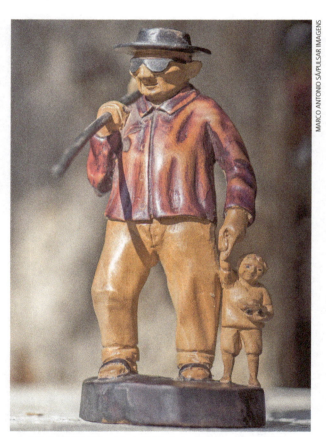

▶ ADALBERTO SOARES DA SILVA. *PATATIVA DO ASSARÉ*. ESCULTURA DE MADEIRA. JUAZEIRO DO NORTE, CEARÁ, 2017.

◆ FOTOGRAFIA

▶ CRIANÇA. MANAUS, AMAZONAS, 2017.

ATIVIDADES

1 NA TURMA DE MAIARA TODO MUNDO REPRESENTOU UM COLEGA DE FORMA DIFERENTE. LIGUE CADA COLEGA A SEU RETRATO.

2 VOCÊ ACHA QUE TODAS AS PESSOAS RESPEITAM AS DIFERENTES CARACTERÍSTICAS DOS OUTROS? EXPLIQUE SUA OPINIÃO À TURMA.

CARTOGRAFAR

REPRESENTANDO MEU CORPO

1. DEITE-SE EM UMA FOLHA DE PAPEL PARA QUE UM COLEGA CONTORNE SEU CORPO USANDO LÁPIS.
2. EM SEGUIDA, NO CONTORNO DE SEU CORPO, DESENHE SEU ROSTO FAZENDO OLHOS, BOCA, NARIZ E ORELHAS.
3. AGORA DOBRE A FOLHA AO MEIO, NO SENTIDO DA ALTURA, E MARQUE BEM A DOBRA PARA DIVIDIR O DESENHO DE SEU CORPO EM DOIS LADOS: DIREITO E ESQUERDO.
4. O PROFESSOR REGISTRARÁ A LETRA **D** NO LADO DIREITO DO DESENHO E A LETRA **E** NO LADO ESQUERDO.
5. PINTE O LADO DIREITO DO CONTORNO DE UMA COR E O ESQUERDO DE OUTRA COR.

MEU CORPO NO ESPAÇO

QUANDO PRECISAMOS NOS LOCALIZAR NO ESPAÇO QUE OCUPAMOS OU ESTAMOS NOS DESLOCANDO, USAMOS ALGUMAS REFERÊNCIAS. OBSERVE A ILUSTRAÇÃO A SEGUIR.

ATIVIDADE

OBSERVE A SALA DE AULA DE HENRIQUE E FAÇA O QUE SE PEDE.

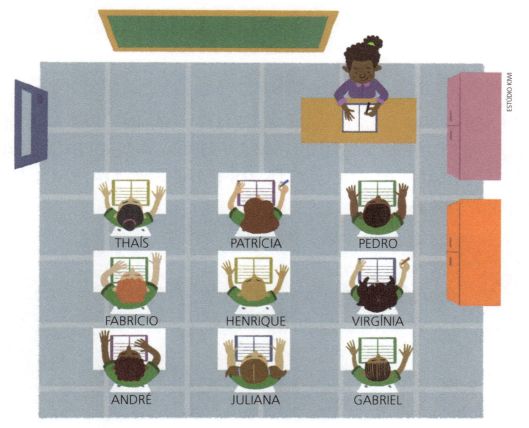

1. HENRIQUE ESTÁ SENTADO NO CENTRO DA SALA DE AULA. CIRCULE-O.

2. PATRÍCIA ESTÁ SENTADA NA FRENTE DE HENRIQUE. FAÇA UM **X** VERMELHO NELA.

3. VIRGÍNIA ESTÁ SENTADA AO LADO DE HENRIQUE E NA FRENTE DE GABRIEL. MARQUE-A COM UM **X** VERDE.

4. COPIE O NOME DA CRIANÇA QUE ESTÁ SENTADA ATRÁS DE HENRIQUE.

_____

CAPÍTULO 2
NÓS E O AMBIENTE

FRIO OU CALOR?

LUIZ MORA EM UM LUGAR QUENTE E ALINE EM UM LUGAR QUE FAZ MUITO FRIO. ESCOLHA A ROUPA ADEQUADA PARA VESTIR AS CRIANÇAS. RECORTE AS IMAGENS DA PÁGINA 123 DA SEÇÃO **ENCARTES**.

MUDANÇAS NO AMBIENTE

CHUVA, SOL, VENTO, CALOR E FRIO SÃO ALGUMAS DAS CARACTERÍSTICAS DO TEMPO QUE PODEMOS PERCEBER NO LUGAR ONDE VIVEMOS. ELAS INFLUENCIAM NOSSAS DECISÕES EM RELAÇÃO ÀS ROUPAS QUE USAMOS E ÀS ATIVIDADES QUE REALIZAMOS.

▸ QUANDO CHOVE, BRINCAMOS EM LUGARES COBERTOS.

▸ SE O DIA ESTÁ CLARO, PODEMOS BRINCAR EM ÁREAS EXTERNAS.

▸ NO FRIO, PREFERIMOS ALIMENTOS QUENTES PARA NOS AQUECER.

▸ JÁ NO CALOR, ESCOLHEMOS ALIMENTOS FRIOS PARA NOS REFRESCAR.

ILUSTRAÇÕES: ESTÚDIO KIWI

UM POUCO MAIS SOBRE

COSTUMES DE CADA POVO

NO MUNDO EXISTEM MUITAS PESSOAS. ELAS MORAM EM DIFERENTES LUGARES E SEUS COSTUMES VARIAM DE ACORDO COM AS CARACTERÍSTICAS DO LUGAR ONDE VIVEM. VEJA OS EXEMPLOS.

- OS INUÍTES, QUE VIVEM NO ÁRTICO, VESTEM ROUPAS DE PELE DE ANIMAIS PARA SE PROTEGER DO FRIO.

▶ MENINO INUÍTE. GJOA HAVEN, CANADÁ, 2009.

- NO BRASIL, ALGUNS INDÍGENAS TOMAM BANHO DE RIO TODOS OS DIAS. TEMPERATURAS ALTAS E COSTUMES EXPLICAM ESSE HÁBITO.

▶ CRIANÇAS DA ETNIA KAXINAWÁ NA ALDEIA NOVO SEGREDO. JORDÃO, ACRE, 2016.

1 O QUE VOCÊ PODE OBSERVAR NAS FOTOGRAFIAS?

2 VOCÊ TEM ALGUM COSTUME POR CAUSA DAS CARACTERÍSTICAS DO LUGAR ONDE VIVE?

ATIVIDADES

1 ASSINALE O QUADRADINHO DA IMAGEM QUE MELHOR REPRESENTA A CARACTERÍSTICA DO TEMPO HOJE NO LUGAR ONDE VOCÊ VIVE. DEPOIS PINTE OS DESENHOS.

2 PINTE DE **AZUL** OS ALIMENTOS QUE VOCÊ COSTUMA COMER E BEBER EM DIAS MAIS FRIOS E DE **VERMELHO** OS QUE COSTUMA CONSUMIR NOS DIAS QUENTES.

DIA E NOITE

NO LUGAR ONDE VIVEMOS, TAMBÉM NOTAMOS DIFERENÇAS QUANTO À PRESENÇA DE MAIOR QUANTIDADE DE LUZ E CALOR, DEPENDENDO DO PERÍODO: DIA OU NOITE.

OS DIAS COSTUMAM SER MAIS QUENTES, COM TEMPERATURAS ELEVADAS, ENQUANTO AS NOITES SÃO MAIS FRIAS, COM TEMPERATURAS BAIXAS.

▶ BELO HORIZONTE, MINAS GERAIS, 2014.

▶ BELO HORIZONTE, MINAS GERAIS, 2016.

ESSAS DIFERENÇAS TAMBÉM INFLUENCIAM NOSSAS ATIVIDADES DIÁRIAS. DE DIA VAMOS À ESCOLA, PODEMOS PASSEAR E BRINCAR.

▶ SÃO PAULO, SÃO PAULO, 2015.

À NOITE PODEMOS FAZER ATIVIDADES COMO LER E BRINCAR, MAS USAMOS A MAIOR PARTE DO PERÍODO PARA DESCANSAR E DORMIR.

▶ SÃO PAULO, SÃO PAULO, 2017.

ATIVIDADE

1 DESENHE OU COLE A GRAVURA DE UMA ATIVIDADE QUE VOCÊ GOSTA DE FAZER:

A) DURANTE O DIA;

B) DURANTE A NOITE.

COMO EU VEJO
O CICLO DA NATUREZA

VOCÊ SABIA QUE A PRODUÇÃO E O CONSUMO DE ALIMENTOS PODEM ESTAR RELACIONADOS COM ALGUNS PERÍODOS DO ANO E COM MUDANÇAS NAS CONDIÇÕES DE CALOR E FRIO, CHUVA OU AUSÊNCIA DELA?
OBSERVE A SEGUIR OS PRINCIPAIS ALIMENTOS COLHIDOS EM CADA ÉPOCA DO ANO.

DE MARÇO A JUNHO
EM GERAL, NESSA ÉPOCA DO ANO COMEÇA A ESFRIAR E A CHOVER MENOS, AS FOLHAS CAEM DAS ÁRVORES.

DE JUNHO A SETEMBRO
É A ÉPOCA EM QUE FAZ MENOS CALOR E AQUELA EM QUE MENOS CHOVE. AS ÁRVORES PERDEM QUASE TODAS AS FOLHAS, E AS NOITES COSTUMAM SER MAIS LONGAS QUE OS DIAS.

De março a junho: BANANA-NANICA, CARAMBOLA, CAQUI, KIWI, GRAVIOLA, MANGOSTÃO, TANGERINA, ABÓBORA, CHUCHU, JILÓ, MANDIOCA, CHICÓRIA, NABO, REPOLHO, RÚCULA.

De junho a setembro: ABACATE, ABIO, ATEMOIA, CUPUAÇU, MARACUJÁ DOCE, LARANJA-BAÍA, BATATA-DOCE, ERVILHA, INHAME, MANDIOQUINHA, AGRIÃO, BRÓCOLIS, COUVE-FLOR, MILHO VERDE, PALMITO.

COMPANHIA DE ENTREPOSTOS E ARMAZÉNS GERAIS DE SÃO PAULO (CEAGESP). SAZONALIDADE DOS PRODUTOS COMERCIALIZADOS NO ETSP. DISPONÍVEL EM: <WWW.CEAGESP.GOV.BR/WP-CONTENT/UPLOADS/2015/05/PRODUTOS_EPOCA.PDF>. ACESSO EM: MAR. 2019.

COMO EU TRANSFORMO
CALENDÁRIO AGRÍCOLA

 MATEMÁTICA CIÊNCIAS LÍNGUA PORTUGUESA

O QUE VAMOS FAZER?

UM CALENDÁRIO AGRÍCOLA!

COM QUEM FAZER?

COM OS COLEGAS E O PROFESSOR.

PARA QUE FAZER?

PARA DESCOBRIR A MELHOR ÉPOCA DE COMPRAR E COMER DETERMINADAS FRUTAS, VERDURAS E LEGUMES.

COMO FAZER?

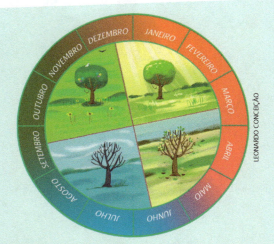

LEONARDO CONCEIÇÃO

1. OBSERVE O CALENDÁRIO AO LADO. DIGA AOS COLEGAS E AO PROFESSOR O QUE VOCÊ NOTA NA IMAGEM.

2. OBSERVE NOVAMENTE OS ALIMENTOS DA SEÇÃO **COMO EU VEJO**.

3. COM BASE EM SEUS CONHECIMENTOS, CONVERSE COM O PROFESSOR SOBRE OS ALIMENTOS E AS CARACTERÍSTICAS DOS SEGUINTES GRUPOS ALIMENTARES: VERDURAS, FRUTAS E LEGUMES.

4. ESCOLHA TRÊS ALIMENTOS, UM DE CADA GRUPO, E DESENHE-OS EM UMA FOLHA DE PAPEL AVULSA.

5. COLE NO CALENDÁRIO ELABORADO COM O PROFESSOR AS FIGURAS DOS ALIMENTOS QUE DESENHOU. NÃO SE ESQUEÇA DE OBSERVAR EM QUAL PERÍODO DO ANO ESSES ALIMENTOS ESTÃO MAIS DISPONÍVEIS.

O QUE ACHOU DESTA ATIVIDADE? POR QUÊ?

HORA DA LEITURA

OLHANDO O ESPELHO

LEIA O POEMA COM O PROFESSOR. DEPOIS REPITA A LEITURA COM A TURMA ATÉ MEMORIZÁ-LO E, ENTÃO, EM FRENTE A UM ESPELHO, RECITE-O.

RECEITA DE SE OLHAR NO ESPELHO

SE OLHE DE FRENTE
DE LADO DE COSTAS
DE CABEÇA PARA BAIXO
PINTE O ESPELHO
DE AZUL DOURADO VERMELHO
FAÇA CARETAS RIA SORRIA
FECHE OS OLHOS ABRA OS OLHOS
E SE VEJA SEMPRE SURPRESA
QUEM É VOCÊ?

ROSEANA MURRAY. *RECEITAS DE OLHAR*. SÃO PAULO: FTD, 1999. P. 12.

1 O POEMA PERGUNTA: "QUEM É VOCÊ?". RESPONDA AOS COLEGAS E AO PROFESSOR.

2 FAÇA UM DESENHO, EM UMA FOLHA DE PAPEL À PARTE, QUE REPRESENTE VOCÊ. ESCREVA SEU NOME E ALGUMA CARACTERÍSTICA SUA. DEPOIS, EXPONHA SEU TRABALHO EM UM MURAL, JUNTO COM OS DESENHOS DOS COLEGAS.

REVENDO O QUE APRENDI

1 É IMPOSSÍVEL REPRESENTAR O CORPO HUMANO EM UMA FOLHA DO LIVRO OU DO CADERNO DO TAMANHO QUE ELE É. MAS ALGUMAS PARTES DO CORPO PODEM SER REPRESENTADAS EM UM ESPAÇO DO LIVRO NO TAMANHO REAL DELAS. VEJA COMO: CONTORNE UMA DE SUAS MÃOS NO ESPAÇO ABAIXO. DICA: MANTENHA OS DEDOS DA MÃO UM POUCO AFASTADOS, PARA QUE O LÁPIS PERCORRA O CONTORNO DELES.

2 A MÃO DESENHADA NA ATIVIDADE 1 É MINHA MÃO:

☐ DIREITA.   ☐ ESQUERDA.

3 NO LUGAR ONDE VOCÊ MORA HÁ MUITA VARIAÇÃO DE TEMPERATURA? CONVERSE SOBRE ISSO COM OS COLEGAS.

4 VOCÊ CONHECE OUTROS LUGARES COM TEMPERATURAS DIFERENTES DE ONDE VOCÊ MORA? QUAIS SÃO ELES?

5 DESENHE A SEGUIR SUAS ATIVIDADES FAVORITAS QUANDO O TEMPO ESTÁ DO JEITO QUE VOCÊ MAIS GOSTA: FRIO, QUENTE, COM CHUVA, SOL OU VENTO.

NESTA UNIDADE VIMOS

- HÁ DIFERENTES FORMAS DE REPRESENTAR NOSSO CORPO NO ESPAÇO.

▶ A PINTURA OU FOTOGRAFIA DE SI MESMO É UM AUTORRETRATO, COMO VISTO NA PÁGINA 9.

- PARA AJUDAR NA LOCALIZAÇÃO, UTILIZAMOS REFERENCIAIS COMO: EM CIMA, EMBAIXO, ATRÁS, NA FRENTE, DENTRO, FORA, À ESQUERDA E À DIREITA.

▶ NOSSO CORPO TEM DOIS LADOS: DIREITO E ESQUERDO, COMO MOSTRADO NA PÁGINA 11.

- FAZEMOS DIFERENTES ATIVIDADES DE ACORDO COM O RITMO DA NATUREZA (DIA E NOITE) E COM AS CONDIÇÕES DO TEMPO (CHUVA, SOL, VENTO, FRIO, CALOR).

▶ A NOITE PODE SER APROVEITADA PARA LEITURA, COMO APRENDEMOS NA PÁGINA 18.

PARA FINALIZAR, RESPONDA:
- COMO VOCÊ PODE INDICAR A LOCALIZAÇÃO DE UM OBJETO TENDO COMO REFERÊNCIA SEU CORPO OU OUTRO OBJETO?
- DE QUE FORMA O RITMO DA NATUREZA E AS CONDIÇÕES DO TEMPO INFLUENCIAM A REALIZAÇÃO DE SUAS ATIVIDADES?

PARA IR MAIS LONGE

LIVROS

▶ **TUDO BEM SER DIFERENTE**, DE TODD PARR. 6. ED. SÃO PAULO: EDITORA PANDA BOOKS, 2008.

ABORDA VÁRIOS TEMAS SOBRE A DIVERSIDADE.

▶ **O MENINO MARROM**, DE ZIRALDO. SÃO PAULO: EDITORA MELHORAMENTOS, 2012.

CONTA A HISTÓRIA DE DOIS MENINOS QUE DESCOBREM AS ETNIAS.

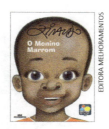

▶ **CRIANÇAS COMO VOCÊ**, DE BARNABAS E ANABEL KINDERSLEY. 8. ED. SÃO PAULO: EDITORA ÁTICA, 2009.

FEITO EM ASSOCIAÇÃO COM O UNICEF, TRAZ INFORMAÇÕES SOBRE CRIANÇAS DE VÁRIAS PARTES DO MUNDO.

▶ **NINGUÉM É IGUAL A NINGUÉM**, DE REGINA OTERO E REGINA RENNÓ. SÃO PAULO: EDITORA DO BRASIL, 2008.

MOSTRA COMO É GOSTOSO A GENTE SER O QUE É, SENTIR O QUE SENTE E VIVER COMO VIVE.

FILME

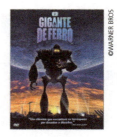

▶ **O GIGANTE DE FERRO**. DIREÇÃO DE BRAD BIRD. ESTADOS UNIDOS: WARNER BROS. ANIMATION, 1999, 86 MIN.

O ENCONTRO INESPERADO ENTRE UM MENINO E UM ROBÔ EXTRATERRESTRE DÁ INÍCIO A UMA BONITA AMIZADE. TODAS AS DIFERENÇAS SÃO SUPERADAS, DANDO LUGAR A UMA RELAÇÃO DE CUMPLICIDADE.

SITE

▶ **A COR DA CULTURA:** <WWW.ACORDACULTURA.ORG.BR>.

ESTE PROJETO EDUCATIVO VALORIZA A CULTURA AFRO-BRASILEIRA POR MEIO DE PROGRAMAS, ARTIGOS, NOTÍCIAS E ENTREVISTAS.

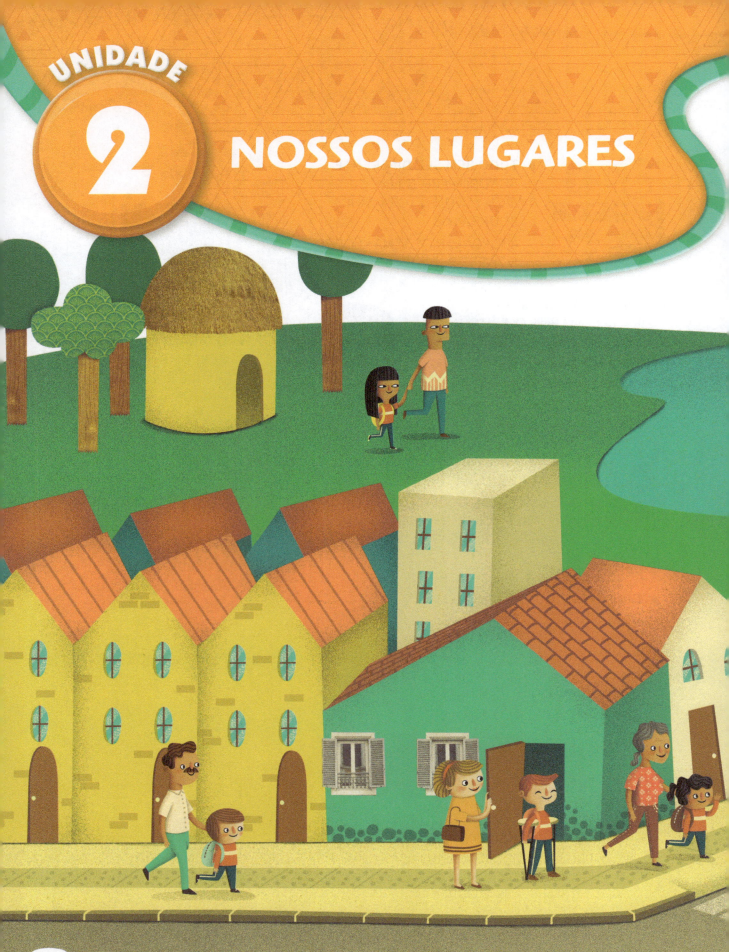

UNIDADE 2
NOSSOS LUGARES

CAPÍTULO 1
UM LUGAR PARA MORAR

OS TRÊS PORQUINHOS

OUÇA A HISTÓRIA DOS TRÊS PORQUINHOS CONTADA PELO PROFESSOR. NELA, CADA UM DOS PORQUINHOS CONSTRUIU SUA CASA USANDO UM TIPO DIFERENTE DE MATERIAL.

RECORTE OS PERSONAGENS DA PÁGINA 123 E COLE CADA UM NA CASA CORRETA. DICA: OBSERVE O MATERIAL COM QUE CADA PORQUINHO CONSTRUIU A CASA DELE.

ILUSTRAÇÕES: ADOLAR

1. QUE MATERIAL CADA PORQUINHO UTILIZOU NA CONSTRUÇÃO DA CASA DELE?

2. DE QUE MATERIAL É FEITA SUA MORADIA?

3. VOCÊ JÁ VIU CASAS CONSTRUÍDAS COM OUTROS MATERIAIS? ONDE ELAS ESTAVAM E DE QUE MATERIAL ERAM FEITAS? CONTE AOS COLEGAS.

AS DIFERENTES MORADIAS

AS MORADIAS PODEM SER CONSTRUÍDAS COM DIFERENTES MATERIAIS. OBSERVE AS FOTOGRAFIAS A SEGUIR.

- ESTA MORADIA É FEITA DE PEDRAS.
- ESTA É FEITA DE TIJOLOS, AREIA E CIMENTO.

▶ CAXIAS DO SUL, RIO GRANDE DO SUL, 2017.

▶ SÃO MIGUEL DOS MILAGRES, ALAGOAS, 2016.

- ESTA MORADIA FOI FEITA COM TÁBUAS DE MADEIRA.

▶ VITÓRIA DO XINGU, PARÁ, 2017.

- E ESTA FOI FEITA COM UMA ARMAÇÃO DE MADEIRA (GALHOS DE ÁRVORES) OU BAMBU PREENCHIDA COM BARRO (CONHECIDO COMO MASSAPÉ).

▶ CAXIAS, MARANHÃO, 2014.

AS MORADIAS TAMBÉM PODEM TER OUTRAS DIFERENÇAS.

- TÉRREA, OU SEJA, DE UM SÓ PAVIMENTO.
- SOBRADO, CONSTRUÇÃO COM MAIS DE UM PISO OU ANDAR ACIMA DO TÉRREO.

▶ DELFIM MOREIRA, MINAS GERAIS, 2015.

▶ SÃO JOAQUIM, SANTA CATARINA, 2016.

- PRÉDIO, QUE TEM VÁRIOS ANDARES E VÁRIAS MORADIAS: OS APARTAMENTOS.
- PALAFITA: MORADIA CONSTRUÍDA ACIMA DA ÁGUA SOBRE ESTACAS FIXAS.

▶ RIO DE JANEIRO, RIO DE JANEIRO, 2014.

▶ IRANDUBA, AMAZONAS, 2015.

QUE DIFERENÇAS HÁ ENTRE ESSAS MORADIAS? DE QUE TIPO É SUA MORADIA?

ATIVIDADES

1 O PROFESSOR LERÁ O TEXTO. DEPOIS, LIGUE OS PERSONAGENS COM O DESENHO DA CASA DE CADA UM.

MEU NOME É HELENA. EU MORO NUMA CASA DE DOIS ANDARES, COM JANELAS GRANDES. MEU AMIGO DAVI MORA NUMA CASA TÉRREA, COM UM BONITO JARDIM. MINHA AMIGA TAINÁ MORA NUM PRÉDIO ALTO E GRANDE. JÁ O MEU PRIMO JÚLIO MORA EM UMA CASA DE PALAFITA.

HELENA   DAVI   TAINÁ   JÚLIO

2 É IMPORTANTE QUE A MORADIA SEJA BEM CUIDADA POR TODOS QUE NELA RESIDEM. DE QUE FORMA VOCÊ COLABORA COM OS CUIDADOS DE SUA MORADIA?

PARTES DA MORADIA

AS MORADIAS NORMALMENTE SÃO DIVIDIDAS EM PARTES, OU CÔMODOS. CADA UMA DESSAS PARTES É UTILIZADA PARA FUNÇÕES ESPECÍFICAS.

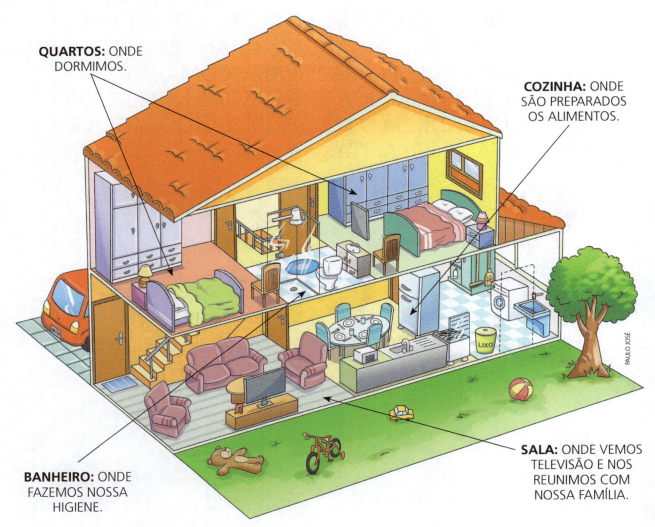

QUARTOS: ONDE DORMIMOS.

COZINHA: ONDE SÃO PREPARADOS OS ALIMENTOS.

BANHEIRO: ONDE FAZEMOS NOSSA HIGIENE.

SALA: ONDE VEMOS TELEVISÃO E NOS REUNIMOS COM NOSSA FAMÍLIA.

PAULO JOSÉ

EM ALGUMAS MORADIAS HÁ TAMBÉM UMA PARTE EXTERNA, ONDE GERALMENTE ESTÃO O QUINTAL, O JARDIM E, ÀS VEZES, UMA GARAGEM.

OS APARTAMENTOS NOS PRÉDIOS TAMBÉM TÊM UMA PARTE EXTERNA, DE USO COMUM DE TODOS OS MORADORES. NELA GERALMENTE HÁ CORREDORES, ESCADAS E GARAGEM, E TAMBÉM PODE HAVER *PLAYGROUND*, ELEVADORES, SALÃO DE FESTAS ETC.

ATIVIDADES

OBSERVE A IMAGEM E DEPOIS CONVERSE COM OS COLEGAS SOBRE ELA.

▶ VINCENT VAN GOGH. *O QUARTO*, 1888. ÓLEO SOBRE TELA, 72,4 CM × 91,3 CM.

1. QUE MÓVEIS HÁ NESSE CÔMODO?

2. QUAL É A COR PREDOMINANTE NAS PAREDES DO CÔMODO?

3. QUE SENSAÇÕES A IMAGEM PROVOCA EM VOCÊ?

4. QUAIS SÃO AS SEMELHANÇAS E AS DIFERENÇAS ENTRE O CÔMODO DA IMAGEM E ONDE VOCÊ DORME?

5. QUANDO VOCÊ ESTÁ NO CÔMODO ONDE DORME, QUE SONS ESCUTA?

6. PINTE A QUANTIDADE DE ☐ QUE REPRESENTA O NÚMERO DE CÔMODOS DE SUA MORADIA.

CAPÍTULO 2
ESPAÇO DE APRENDER

ESCOLA, LUGAR DE CONVIVER

A MORADIA É O LUGAR QUE COMPARTILHAMOS COM NOSSA FAMÍLIA. E A ESCOLA? COMPLETE O DESENHO E, DEPOIS, PINTE-O.

1 HÁ ALGO DIFERENTE NESSA IMAGEM DA ESCOLA. O QUE É?

A IMPORTÂNCIA DA ESCOLA

NA ESCOLA VOCÊ CONVIVE COM PESSOAS QUE NÃO SÃO DE SUA FAMÍLIA E FAZ NOVOS AMIGOS.

ALÉM DISSO, É UM LUGAR EM QUE APRENDEMOS MUITAS COISAS.

▶ NA ESCOLA APRENDEMOS A LER, A ESCREVER E A ENTENDER O MUNDO. PANCAS, ESPÍRITO SANTO, 2015.

▶ NA ESCOLA TAMBÉM DESENVOLVEMOS NOSSAS HABILIDADES FÍSICAS. CABEDELO, PARAÍBA, 2017.

PARA QUE A ESCOLA POSSA FUNCIONAR BEM, EXISTEM REGRAS QUE POSSIBILITAM UMA BOA CONVIVÊNCIA ENTRE AS PESSOAS E UM AMBIENTE ADEQUADO PARA A APRENDIZAGEM.

OBSERVE A IMAGEM. QUE COMBINADO PODE TER SIDO FEITO ENTRE A PROFESSORA E OS ALUNOS?

CARTOGRAFAR

COM O PROFESSOR, DÊ UMA VOLTA NOS ARREDORES DA ESCOLA. OBSERVE BEM O QUE HÁ NA FRENTE, DOS LADOS E ATRÁS DELA.

1 AGORA, IMAGINANDO QUE ESTA ILUSTRAÇÃO REPRESENTE SUA ESCOLA, DESENHE OS ELEMENTOS QUE VOCÊ VIU DURANTE O PASSEIO.

ATRÁS

DO LADO DIREITO

DO LADO ESQUERDO

NA FRENTE

ATIVIDADES

1 PINTE AS IMAGENS QUE MOSTRAM COMO VOCÊ SE COMPORTA NA ESCOLA.

2 ELABOREM UM CARTAZ COM AS REGRAS DE SUA SALA DE AULA.

A ESCOLA E SEUS ARREDORES

COM A AJUDA DO PROFESSOR OU DE OUTRO ADULTO, ACESSE A INTERNET E PROCURE O ENDEREÇO DE SUA ESCOLA EM UM *SITE* OU APLICATIVO DE MAPAS OU GUIA DE RUAS. APÓS LOCALIZÁ-LA, PEÇA A ESSE ADULTO QUE ESCOLHA A VISUALIZAÇÃO NA FORMA DE IMAGEM DE SATÉLITE. APROXIME A IMAGEM ATÉ CONSEGUIR VISUALIZAR DE FORMA CLARA OS ELEMENTOS.

1 OBSERVE BEM A IMAGEM. PINTE OS ELEMENTOS QUE VOCÊ CONSEGUE IDENTIFICAR AO REDOR DE SUA ESCOLA.

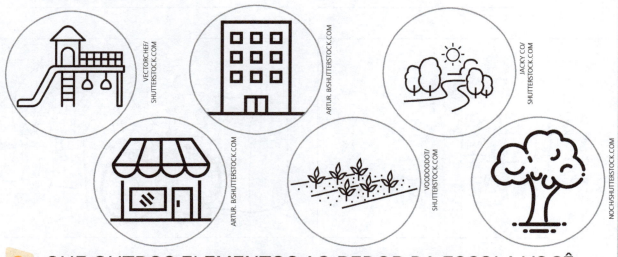

2 QUE OUTROS ELEMENTOS AO REDOR DA ESCOLA VOCÊ IDENTIFICOU NA IMAGEM? CONTE AOS COLEGAS.

GEOGRAFIA EM AÇÃO

PROFESSOR TAMBÉM APRENDE

QUE TAL OUVIR O QUE UMA PROFESSORA TEM A DIZER SOBRE SUA PROFISSÃO? NESTA ENTREVISTA, A PROFESSORA NILVA, QUE DÁ AULAS EM UMA ESCOLA INDÍGENA, CONTA MUITA COISA INTERESSANTE SOBRE A PROFISSÃO DELA E A ESCOLA EM QUE ENSINA.

POR QUE ESCOLHEU SER PROFESSORA?

EU OPTEI POR FAZER MAGISTÉRIO AQUI, EM ALTER DO CHÃO, NO ESTADO DO PARÁ, E ACABEI GOSTANDO. DEPOIS FIZ CONCURSO PARA SER PROFESSORA E PASSEI... COM O TEMPO, ME IDENTIFIQUEI MUITO COM A ÁREA DE EDUCAÇÃO.

DO QUE VOCÊ MAIS GOSTA NA SUA PROFISSÃO E QUAL É O MAIOR DESAFIO?

DO QUE EU MAIS GOSTO É DE APRENDER COM AS CRIANÇAS. MUITAS VEZES, O QUE ELAS FALAM NOS SURPREENDE. O MAIS DESAFIADOR É A DIVERSIDADE QUE A GENTE ENCONTRA NA SALA DE AULA. PARA A CRIANÇA RESPEITAR O OUTRO, ELA PRECISA SABER VALORIZAR SUA IDENTIDADE E A IDENTIDADE DO OUTRO. EU ACHO QUE ESSE, SIM, É O GRANDE DESAFIO DO PROFESSOR.

QUE CONSELHOS VOCÊ DARIA A UM ALUNO QUE DESEJA TER BOM DESEMPENHO ESCOLAR?

PARA O ALUNO TER BOM DESEMPENHO, É IMPORTANTE QUE HAJA DIÁLOGO ENTRE PROFESSOR E ALUNO. CADA UM TEM SUA APTIDÃO, SUA HABILIDADE. EU CONVERSO MUITO COM MEUS ALUNOS E DIGO: "OLHA, ESSA PARTE DEPENDE DE VOCÊ". TIVE UM ALUNO QUE ESTAVA APRENDENDO A LER E GAGUEJAVA SEMPRE, PORQUE NÃO TINHA PACIÊNCIA. UM DIA EU CONVERSEI COM ELE E DISSE: "VOCÊ JÁ SABE LER. O QUE FALTA É SÓ TRANQUILIDADE, PACIÊNCIA". E ELE PASSOU A LER SEM GAGUEJAR.

NILVA BORARI É PROFESSORA DE ENSINO FUNDAMENTAL I EM UMA ESCOLA INDÍGENA DE ALTER DO CHÃO, PARÁ.

REVENDO O QUE APRENDI

OBSERVE A ILUSTRAÇÃO E, DEPOIS, FAÇA O QUE SE PEDE.

1 FAÇA UM **X** NO MAIOR CÔMODO DA CASA E UM CÍRCULO NO MENOR CÔMODO DA CASA.

2 QUANTOS CÔMODOS HÁ NA CASA APRESENTADA NA ILUSTRAÇÃO DA ATIVIDADE ANTERIOR? _____

3 PINTE DE VERDE O QUE ESTÁ AO LADO DA CASA E DE MARROM O QUE ESTÁ NA FRENTE DA CASA.

ACOMPANHE A LEITURA QUE O PROFESSOR FARÁ DA HISTÓRIA EM QUADRINHOS. DEPOIS CONVERSE COM OS COLEGAS SOBRE AS QUESTÕES A SEGUIR.

4 EM SUA OPINIÃO, POR QUE A PERSONAGEM DA HISTÓRIA NÃO PODE IR À ESCOLA?

5 VOCÊ GOSTA DA ESCOLA?

6 POR QUE É IMPORTANTE IR À ESCOLA?

NESTA UNIDADE VIMOS

- EXISTEM MUITOS TIPOS DE MORADIAS E ELAS VARIAM DE ACORDO COM O LOCAL EM QUE SÃO CONSTRUÍDAS.

▶ ESSA É UMA MORADIA TÉRREA, COMO VIMOS NA PÁGINA 32.

- AS MORADIAS TÊM CÔMODOS DIVERSOS E EM QUANTIDADES DIFERENTES UMAS DAS OUTRAS. É IMPORTANTE CUIDAR MUITO BEM DE NOSSA MORADIA.

▶ CADA CÔMODO DA MORADIA TEM UMA FUNÇÃO, COMO MOSTRADO NA PÁGINA 34.

- NA ESCOLA APRENDEMOS MUITAS COISAS E CONVIVEMOS COM OUTRAS PESSOAS.

▶ NA ESCOLA APRENDEMOS A LER E A ESCREVER, COMO VISTO NA PÁGINA 37.

PARA FINALIZAR, RESPONDA:

- QUE DIFERENÇAS E SEMELHANÇAS VOCÊ OBSERVA ENTRE O LUGAR ONDE VOCÊ MORA E ONDE ESTUDA?
- QUAL É A IMPORTÂNCIA DA ESCOLA?
- O QUE UM ALUNO DEVE FAZER PARA CONVIVER BEM NA ESCOLA?

PARA IR MAIS LONGE

LIVROS

▶ **MINHA CASA**, DE LISA BULLARD. SÃO PAULO: HEDRA, 2012.

O LIVRO MOSTRA DIFERENTES TIPOS DE CASA E DESTACA QUE A MELHOR É AQUELA ONDE ESTÃO AS PESSOAS AMADAS.

▶ **O LIVRO DAS CASAS**, DE LIANA LEÃO. SÃO PAULO: CORTEZ, 2004.

COM LINGUAGEM POÉTICA, O TEXTO DISCORRE SOBRE OS DIFERENTES SENTIMENTOS, ALÉM DE TRATAR DO PROBLEMA DAQUELES QUE NÃO TÊM CASA PARA MORAR.

▶ **A ESCOLA DO MARCELO**, DE RUTH ROCHA. SÃO PAULO: SALAMANDRA, 2001.

AO APRESENTAR A ESCOLA DE MARCELO, O LIVRO ABORDA O AMBIENTE E O DIA A DIA ESCOLAR.

▶ **UMA ESCOLA ASSIM, EU QUERO PRA MIM**, DE ELIAS JOSÉ. SÃO PAULO: FTD, 2008.

UMA ESCOLA IGUAL À SUA, COM CRIANÇAS DE DIVERSAS ORIGENS, CADA UMA COM SEU JEITO.

FILME

▶ **OS TRÊS PORQUINHOS**. DIREÇÃO DE BURT GILLET. ESTADOS UNIDOS: WALT DISNEY, 2009, 61 MIN.

OS TRÊS PORQUINHOS DECIDEM CONSTRUIR UMA NOVA RESIDÊNCIA NUMA CLAREIRA DA FLORESTA. CADA PORQUINHO ESCOLHE UM MATERIAL PARA A CONSTRUÇÃO DE SUA CASA. MAS ESTARIAM OS TRÊS PORQUINHOS REALMENTE PROTEGIDOS?

SITE

▶ **PIB MIRIM – CASAS:** <HTTP://PIBMIRIM.SOCIOAMBIENTAL.ORG/NODE/73>. MOSTRA FOTOGRAFIAS DE MORADIAS DE DIFERENTES GRUPOS INDÍGENAS.

CAPÍTULO 1 — FORMAS DE BRINCAR

QUANDO A GENTE BRINCA

VOCÊ CONHECE A BRINCADEIRA CHAMADA **PASSOS**?

NELA, O LÍDER DIZ O NOME DE UM PERSONAGEM, E TODOS DEVEM DAR OS PASSOS COMO ESSE PERSONAGEM. O PASSO DE FORMIGA, POR EXEMPLO, É BEM PEQUENO E O DE ELEFANTE É ENORME!

1. ESSA BRINCADEIRA É ANTIGA. VOCÊ GOSTOU DE BRINCAR?

2. EXISTE ALGUMA BRINCADEIRA QUE VOCÊ COSTUMA PRATICAR PARECIDA COM ESSA?

JOGOS E BRINCADEIRAS

UM ELÁSTICO, UMA CORDA, UMA BOLA, O PRÓPRIO CORPO E MUITA IMAGINAÇÃO JÁ BASTAM PARA QUE AS CRIANÇAS BRINQUEM E SE DIVIRTAM NA RUA, NA ESCOLA OU NO PARQUE. BRINCAR E DIVERTIR-SE SÃO DIREITOS DE TODAS AS CRIANÇAS!

PARA MUITAS BRINCADEIRAS NEM É NECESSÁRIO COMPRAR BRINQUEDOS, É SÓ USAR MATERIAIS QUE SERIAM DESCARTADOS. OBSERVE AS IMAGENS.

▶ CRIANÇA BRINCANDO DE PÉ DE LATA. JARAGUÁ DO SUL, SANTA CATARINA, 2013.

▶ CRIANÇAS BRINCANDO DE TELEFONE SEM FIO. GOIÂNIA, GOIÁS, 2017.

▶ CRIANÇAS BRINCANDO DE TACO. RIO DAS OSTRAS, RIO DE JANEIRO, 2015.

▶ CRIANÇAS BRINCANDO DE ELÁSTICO. SÃO PAULO, SÃO PAULO, 2012.

BRINCANDO AO LONGO DO TEMPO

MUITOS BRINQUEDOS FORAM MUDANDO COM O TEMPO, POR EXEMPLO, EM RELAÇÃO AO USO DE NOVOS MATERIAIS. OBSERVE:

- AS BONECAS ANTIGAS ERAM FEITAS DE TECIDO OU PORCELANA. AS ATUAIS GERALMENTE SÃO DE PLÁSTICO, E ALGUMAS DELAS PODEM FALAR E COMER DE MENTIRINHA.

▶ BONECAS ANTIGAS.

▶ BONECAS ATUAIS.

- OS CARRINHOS ANTIGOS ERAM FEITOS DE MADEIRA E PUXADOS POR CORDINHAS. MUITOS DOS MODELOS ATUAIS, GERALMENTE DE PLÁSTICO, PODEM SE MOVIMENTAR POR FRICÇÃO OU CONTROLE REMOTO E TÊM LUZES E MUITOS ACESSÓRIOS.

▶ CARRINHO ANTIGO.

▶ CARRINHO ATUAL.

ATIVIDADES

1 NO DIA MARCADO PELO PROFESSOR, TRAGA PARA A ESCOLA UM BRINQUEDO DE QUE VOCÊ GOSTE MUITO. EM UMA RODA DE CONVERSA, APRESENTE O BRINQUEDO AOS COLEGAS CONTANDO QUE TIPOS DE BRINCADEIRA VOCÊ FAZ COM ELE. DEPOIS RESPONDA:

A) ESSE BRINQUEDO É PARA BRINCAR SOZINHO OU COM MAIS PESSOAS?

B) DE QUE MATERIAL ELE É FEITO?

2 SEUS AMIGOS TAMBÉM TROUXERAM BRINQUEDOS. DESENHE O BRINQUEDO DE QUE VOCÊ MAIS GOSTOU.

3 FORME UM GRUPO COM OS COLEGAS E, USANDO MATERIAL DE SUCATA, INVENTEM UM BRINQUEDO PARA BRINCAR NA ESCOLA. SEU PROFESSOR FARÁ ALGUMAS SUGESTÕES.

CAPÍTULO 2
LUGARES PARA SE DIVERTIR

COLORINDO PARA BRINCAR

PINTE A ILUSTRAÇÃO DE ACORDO COM A LEGENDA DE CORES. OBSERVE OS NÚMEROS PARA USAR A COR INDICADA.

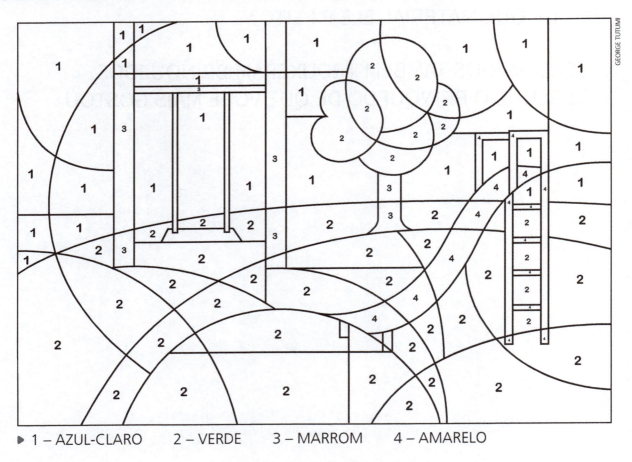

▶ 1 – AZUL-CLARO   2 – VERDE   3 – MARROM   4 – AMARELO

1 DEPOIS DE COLORIR O DESENHO, RESPONDA: QUE LUGAR SURGIU NA IMAGEM?

2 VOCÊ JÁ BRINCOU EM UM LUGAR SEMELHANTE A ESSE? CONTE À TURMA.

ONDE ACONTECE A DIVERSÃO

BRINCAR E SE DIVERTIR SÃO DIREITOS DE TODAS AS CRIANÇAS.

OBSERVE OS LUGARES ONDE ESTAS CRIANÇAS ESTÃO BRINCANDO E SE DIVERTINDO.

▶ PARQUINHO. SÃO PAULO, SÃO PAULO, 2016.

▶ PARQUE. BELÉM, PARÁ, 2014.

▶ PRAIA. IMBITUBA, SANTA CATARINA, 2016.

▶ EXIBIÇÃO DE FILME EM RUA. RIO DE JANEIRO, RIO DE JANEIRO, 2015.

VOCÊ COSTUMA BRINCAR E SE DIVERTIR EM LUGARES PARECIDOS COM OS APRESENTADOS NAS FOTOGRAFIAS? QUAIS?

CARTOGRAFAR

1 OBSERVE A IMAGEM E PINTE:

- DE AMARELO, OS BRINQUEDOS QUE ESTÃO NA FRENTE DAS CRIANÇAS;
- DE VERDE, A CRIANÇA QUE ESTÁ ENTRE DOIS BRINQUEDOS DO PARQUE;
- DE MARROM, OS BRINQUEDOS QUE ESTÃO MAIS PERTO DO MURO;
- DE VERMELHO, AS PESSOAS QUE ESTÃO ATRÁS DO MURO.

ATIVIDADES

1 OBSERVE A TELA E DEPOIS RESPONDA À QUESTÃO.

▶ BARBARA ROCHLITZ. *BRINCANDO*, 2007. ÓLEO SOBRE TELA, 30 CM × 50 CM.

◆ COMO É O LUGAR REPRESENTADO?

2 QUE BRINCADEIRAS E BRINQUEDOS VOCÊ OBSERVA NA TELA DA ATIVIDADE 1?

3 AS CULTURAS DOS PAÍSES AFRICANOS SÃO MUITO RICAS. LÁ, ASSIM COMO NO BRASIL, AS CRIANÇAS BRINCAM COM VÁRIOS JOGOS. O PROFESSOR ENSINARÁ UM JOGO CHAMADO **LABIRINTO**, QUE É ORIGINÁRIO DE MOÇAMBIQUE E DEVE SER JOGADO EM DUPLA. PRESTE ATENÇÃO ÀS ORIENTAÇÕES DO PROFESSOR.

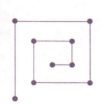 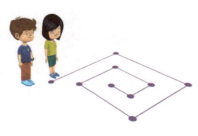 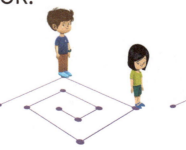 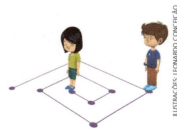

EVENTOS NOS ESPAÇOS PÚBLICOS

OS PARQUES, AS PRAÇAS E AS RUAS SÃO ESPAÇOS PÚBLICOS DE LAZER E DE TRÂNSITO. MAS ELES TAMBÉM PODEM SER UTILIZADOS PARA OUTRAS FUNÇÕES. OBSERVE ALGUMAS DELAS.

- FEIRAS DE ARTESANATO.

▶ BELÉM, PARÁ, 2017.

- APRESENTAÇÕES ARTÍSTICAS.

▶ SÃO LUIZ DO PARAITINGA, SÃO PAULO, 2015.

- MANIFESTAÇÕES CULTURAIS.

▶ ARARUAMA, RIO DE JANEIRO, 2015.

- EVENTOS ESPORTIVOS.

▶ SÃO PAULO, SÃO PAULO, 2014.

ATIVIDADE

1 DESTAQUE A PÁGINA 125, RECORTE OS DESENHOS DELA E COLE-OS DE ACORDO COM AS LETRAS INDICADAS, MONTANDO UMA IMAGEM QUE APRESENTA UMA MANIFESTAÇÃO CULTURAL DE RUA: O FREVO.

A	B	C	D
E	F	G	H
I	J	K	L

2 VOCÊ CONHECE OU JÁ VIU ALGUÉM DANÇANDO FREVO?

3 QUE OBJETO AS PESSOAS CARREGAM NA MÃO AO DANÇAR FREVO? ELE APARECE NA IMAGEM DA ATIVIDADE 1.

4 O FREVO É TÍPICO DE QUAL ESTADO BRASILEIRO? COMPLETE A PALAVRA COM VOGAIS E DESCUBRA.

P ____ RN ____ MB ____ C ____

57

COMO EU VEJO BRASIL BRINCANTE

O BRASIL TEM UMA AMPLA VARIEDADE DE BRINCADEIRAS POPULARES E REGIONAIS. VAMOS DESCOBRIR ALGUMAS DESSAS BRINCADEIRAS?

CABRIOLA, ONDE ESTÁ A BOLA?

1. O GRUPO DE CRIANÇAS ESCOLHE UMA PARA SER A CABRIOLA. ELA FICA NA FRENTE, VIRADA DE COSTAS PARA O GRUPO, COM UMA BOLA NA MÃO.

2. PARA COMEÇAR A BRINCADEIRA, A CABRIOLA JOGA A BOLA PARA O ALTO E UMA PESSOA DO GRUPO A ESCONDE.

3. DEPOIS, O GRUPO PERGUNTA: "CABRIOLA, ONDE ESTÁ A BOLA?", E A CABRIOLA TEM QUE ADIVINHAR COM QUEM ELA ESTÁ.

4. SE ELA ACERTAR, A PESSOA QUE ESCONDEU A BOLA VIRA A NOVA CABRIOLA.

CHOCOLATE MANDOLATE

1. DUAS CRIANÇAS BATEM CORDA ENQUANTO UMA TERCEIRA PULA.

2. QUEM ESTÁ "TRILHANDO" (GIRANDO A CORDA) DIZ O PRIMEIRO VERSO.

3. NO "CHO-CO-LA", QUEM ESTÁ NO MEIO CONTINUA PULANDO. NO "TE", ELE TEM QUE SE ABAIXAR, ENQUANTO A CORDA PASSA POR CIMA.

4. A DUPLA QUE BATE A CORDA DIZ: "MAN-DO-LA-TE". O PARTICIPANTE CONTINUA ABAIXADO NO "MAN-DO-LA" E SE LEVANTA NO "TE" PARA PULAR.

FONTE: MAPA DO BRINCAR. *FOLHA DE S.PAULO*. DISPONÍVEL EM: <HTTP://MAPADOBRINCAR.FOLHA.COM.BR>. ACESSO EM: MAR. 2019.

ARIAH PEXIH

A BRINCADEIRA É FEITA EM GRUPO, NA ÁGUA.

1 OS PARTICIPANTES PEGAM (COM A PONTA DOS DEDOS INDICADOR E POLEGAR) UM NA PARTE DE CIMA DA MÃO DO OUTRO. ELES FORMAM, ASSIM, UMA ESPÉCIE DE "TORRE" COM AS MÃOS EMPILHADAS.

2 TODOS BALANÇAM A "TORRE" DE MÃOS PARA CIMA E PARA BAIXO E CANTAM VÁRIAS VEZES: "ARIAH PEXIH, ARIAH PEXIH, ARIAH PEXIH..."

3 QUANDO O GRUPO PARA DE CANTAR, TODOS SE AFUNDAM NA ÁGUA RAPIDAMENTE. EM TUPI-MONDÉ, ARIAH PEXIH QUER DIZER "PÉ DE GALO". É A LÍNGUA FALADA PELO POVO INDÍGENA SURUI.

NA BAHIA NÃO TEM MAIS COCO

OS PARTICIPANTES DÃO AS MÃOS E GIRAM EM RODA, CANTANDO OS VERSOS ABAIXO. UMA PESSOA FICA NO MEIO DA RODA, E SOBE E DESCE DANÇANDO COM A MÃO NA CINTURA.

> "NA BAHIA NÃO TEM MAIS COCO
> PRA FAZER MINGAU DE COCO
> PARA ENCANTAR OS CARIOCAS (2X)
> B COM A FAZ BEABÁ
> QUERO VER AS CADEIRAS BAIXAR
> B COM I FAZ BEIBI
> QUERO VER AS CADEIRAS SUBIR."

REGIÃO NORDESTE

REGIÃO SUDESTE

BARRA-MANTEIGA

1 AS CRIANÇAS SE DIVIDEM EM DOIS GRUPOS, CADA UM COM PELO MENOS QUATRO PESSOAS.

2 É DESENHADA UMA LINHA NO CHÃO PARA DIVIDIR OS CAMPOS.

3 CADA GRUPO FICA EM SEU CAMPO, PERTO DA LINHA, COM AS MÃOS ESTENDIDAS.

4 QUEM CONSEGUIR BATER NA MÃO DO ADVERSÁRIO DEVE TRAZÊ-LO PARA SEU CAMPO.

5 GANHA O TIME QUE CONSEGUIR LEVAR O OUTRO PARA SEU CAMPO PRIMEIRO.

6 O TIME QUE PERDE TEM QUE PAGAR UM MICO.

1. VOCÊ CONHECE ALGUMA DESSAS BRINCADEIRAS?

2. CONVERSE COM AS PESSOAS MAIS VELHAS COM AS QUAIS VOCÊ CONVIVE E RESPONDA: AS BRINCADEIRAS DA INFÂNCIA DELAS ERAM SEMELHANTES ÀS SUAS BRINCADEIRAS?

COMO EU TRANSFORMO

LIVRO DE BRINCADEIRAS

 ARTE EDUCAÇÃO FÍSICA LÍNGUA PORTUGUESA

O QUE VAMOS FAZER?
UM LIVRO DE JOGOS E BRINCADEIRAS DA TURMA.

COM QUEM FAZER?
COM OS COLEGAS E O PROFESSOR.

PARA QUE FAZER?
PARA CONHECER AS BRINCADEIRAS PREFERIDAS DA TURMA E VALORIZAR BRINCADEIRAS REGIONAIS.

COMO FAZER?

1. CONTE PARA O PROFESSOR E OS COLEGAS AS BRINCADEIRAS DE QUE VOCÊ MAIS GOSTA. O PROFESSOR AS REGISTRARÁ NA LOUSA.

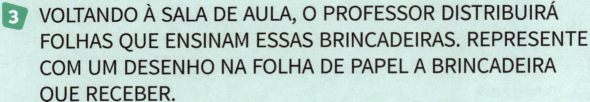

2. FEITA A LISTA, VÁ AO PÁTIO PARA CONHECER E APRENDER AS BRINCADEIRAS INDICADAS PELOS COLEGAS.

3. VOLTANDO À SALA DE AULA, O PROFESSOR DISTRIBUIRÁ FOLHAS QUE ENSINAM ESSAS BRINCADEIRAS. REPRESENTE COM UM DESENHO NA FOLHA DE PAPEL A BRINCADEIRA QUE RECEBER.

4. O PROFESSOR REUNIRÁ AS BRINCADEIRAS E MONTARÁ UM LIVRO. TODOS JUNTOS DEVEM ELABORAR A CAPA DELE.

5. A CADA DIA UM ALUNO SERÁ SORTEADO PARA LEVAR O LIVRO PARA CASA E MOSTRÁ-LO AOS FAMILIARES.

O QUE VOCÊ ACHOU DO *LIVRO DE BRINCADEIRAS DA TURMA*? POR QUÊ?

HORA DA LEITURA

MAPA DE UM LUGAR MÁGICO

O PROFESSOR LERÁ O TEXTO A SEGUIR, QUE DESCREVE COMO É O SÍTIO DO PICAPAU AMARELO.

O SÍTIO DE DONA BENTA

O SÍTIO DE DONA BENTA FICAVA NUM LUGAR MUITO BONITO. A CASA ERA DAS ANTIGAS, DE CÔMODOS ESPAÇOSOS E FRESCOS. [...]

A SALA DE ESPERA ABRIA PARA A VARANDA. QUE VARANDA GOSTOSA! CERCADA DUM **GRADIL** DE MADEIRA, MUITO SINGELO, PINTADO DE AZUL-CLARO. [...]

O JARDIM FICAVA NOS FUNDOS DA SALA DE JANTAR, UM VERDADEIRO AMOR DE JARDIM, SÓ DE PLANTAS ANTIGAS E FORA DA MODA. [...]

O POMAR FICAVA NOS FUNDOS DA CASA, DEPOIS DO "QUINTAL DA COZINHA", ONDE HAVIA UM GALINHEIRO, UM TANQUE DE LAVAR ROUPA E O PUXADO DA LENHA. [...]

IMPOSSÍVEL HAVER NO MUNDO LUGAR MAIS SOSSEGADO E FRESCO, E MAIS CHEIO DE PASSARINHOS, ABELHAS E BORBOLETAS.

MONTEIRO LOBATO. *O SACI*. SÃO PAULO: BRASILIENSE, 2005. P. 9 E 10.

GLOSSÁRIO

GRADIL: GRADE QUE CERCA, QUE PROTEGE UM LUGAR.

1 COM BASE NA DESCRIÇÃO DO SÍTIO, FAÇA UM DESENHO PARA REPRESENTÁ-LO. DEPOIS, MOSTRE-O AOS COLEGAS. O PROFESSOR IRÁ EXPOR OS TRABALHOS NO MURAL DA SALA DE AULA OU EM OUTRO LUGAR QUE ELE ESCOLHER.

REVENDO O QUE APRENDI

1 OBSERVE OS LUGARES ONDE ESTAS CRIANÇAS ESTÃO BRINCANDO E SE DIVERTINDO.

▶ PRAIA. ICAPUÍ, CEARÁ, 2014.

▶ PARQUE. PETRÓPOLIS, RIO DE JANEIRO, 2015.

◆ EM UMA FOLHA, DESENHE UM LUGAR ONDE VOCÊ COSTUMA BRINCAR E SE DIVERTIR. DEPOIS MOSTRE O DESENHO AOS COLEGAS E CONTE QUE LUGAR É ESSE.

2 ALGUMAS CRIANÇAS GOSTAM MUITO DE JOGAR FUTEBOL. VOCÊ TAMBÉM GOSTA? O PRINCIPAL OBJETIVO DESSE JOGO É MARCAR UM GOL. TRACE O CAMINHO MAIS CURTO QUE O TIME FARÁ PARA MARCAR O GOL.

3 NA ATIVIDADE 2, QUANTAS JOGADAS FORAM FEITAS ATÉ O GOL?

_____

4 COPIE AS LETRAS QUE ESTÃO NO TRAJETO DA ATIVIDADE 2. QUE PALAVRA VOCÊ FORMOU?

_____

5 PARA FAZER ALGUMAS BRINCADEIRAS, PRECISAMOS DE BRINQUEDOS. ESCREVA, COMO SOUBER, O NOME DO BRINQUEDO QUE CADA DUPLA A SEGUIR UTILIZA. DEPOIS ASSINALE SE AS BRINCADEIRAS SÃO FEITAS DENTRO OU FORA DE CASA.

> GOSTAMOS DE BRINCAR DE VÔLEI E QUEIMADA.

> NÓS GOSTAMOS DE BRINCAR DE CASINHA.

> GOSTAMOS DE JOGAR BURACO OU CAÇAPINHA!

_____ _____ _____

☐ DENTRO   ☐ DENTRO   ☐ DENTRO
☐ FORA   ☐ FORA   ☐ FORA

6 VOCÊ PREFERE BRINCAR EM GRUPO OU SOZINHO? POR QUÊ? CONVERSE SOBRE ISSO COM O PROFESSOR E OS COLEGAS.

NESTA UNIDADE VIMOS

- BRINCAR E DIVERTIR-SE SÃO DIREITOS DE TODAS AS CRIANÇAS. PODEMOS BRINCAR SOZINHOS OU EM GRUPO, USANDO OU NÃO BRINQUEDOS.

  ▸ ALGUMAS BRINCADEIRAS NEM PRECISAM DE BRINQUEDOS, COMO VIMOS NA PÁGINA 49.

- MUITOS BRINQUEDOS DO PASSADO AINDA EXISTEM E BRINCADEIRAS ANTIGAS SÃO REALIZADAS ATÉ HOJE.

  ▸ OS CARRINHOS MUDARAM AO LONGO DO TEMPO, COMO ESTÁ REGISTRADO NA PÁGINA 50.

- EXISTEM VÁRIOS ESPAÇOS PARA BRINCAR E SE DIVERTIR: RUA, PÁTIO DA ESCOLA, MORADIA, PARQUES E PRAÇAS.

  ▸ NAS RUAS PODEMOS NOS DIVERTIR COM APRESENTAÇÕES ARTÍSTICAS, COMO MOSTRADO NA PÁGINA 56.

PARA FINALIZAR, RESPONDA:

- O QUE VOCÊ COSTUMA FAZER EM ESPAÇOS PÚBLICOS?
- QUAL É A SUA BRINCADEIRA PREFERIDA?
- VOCÊ SE LEMBRA DE ALGUM EVENTO OU FESTA FEITA EM UM ESPAÇO COLETIVO?

PARA IR MAIS LONGE

LIVROS

▶ **BRINQUEDOS E BRINCADEIRAS**, DE ROSEANA MURRAY. SÃO PAULO: FTD, 2014.

EM POEMAS, A AUTORA DESCREVE VÁRIOS BRINQUEDOS E BRINCADEIRAS, COMO PULAR CORDA, BOLINHA DE GUDE, CASA NA ÁRVORE, AMARELINHA E BOLA DE MEIA.

▶ **AS BRINCOTECAS**, DE NAAVA BASSI. SÃO PAULO: EDITORA DO BRASIL, 2007.

OS BRINQUEDOS RECLAMAM QUE NÃO SÃO MAIS USADOS, E AS CRIANÇAS SE REÚNEM E RESOLVEM DISTRIBUÍ-LOS PARA OUTRAS CRIANÇAS QUE NÃO TÊM BRINQUEDOS.

▶ **FOLCLORE BRASILEIRO**, DE MAURICIO DE SOUSA. SÃO PAULO: GIRASSOL, 2010. (TURMA DA MÔNICA).

TRAZ CANTIGAS DE RODA, PARLENDAS, ADIVINHAS E BRINCADEIRAS QUE ATRAVESSARAM GERAÇÕES E ATÉ HOJE ENCANTAM AS CRIANÇAS.

▶ **O JOGO DA ONÇA E OUTRAS BRINCADEIRAS INDÍGENAS**, DE ANTÔNIO BARRETO E MAURÍCIO DE ARAÚJO LIMA. SÃO PAULO: PANDA BOOKS, 2005.

CONHEÇA JOGOS E BRINCADEIRAS DOS INDÍGENAS BRASILEIROS.

FILME

▶ **TOY STORY**. DIREÇÃO DE JOHN LASSETER. EUA: DISNEY/PIXAR, 1995, 81 MIN.

BUZZ LIGHTYEAR E SEU RIVAL, WOODY, SÃO DOIS BRINQUEDOS DO GAROTO ANDY E PASSAM O TEMPO BRIGANDO, ATÉ QUE VÃO PARAR NAS GARRAS DO VIZINHO, UM VERDADEIRO DESTRUIDOR DE BRINQUEDOS. AGORA, ELES PRECISAM SE UNIR E PEDIR AJUDA AOS AMIGOS DA CAIXA DE BRINQUEDOS PARA ESCAPAR DO PERIGO.

SITE

▶ **MAPA DO BRINCAR:** <HTTP://MAPADOBRINCAR.FOLHA.COM.BR/BRINCADEIRAS>. APRESENTA BRINCADEIRAS DE DIVERSAS PARTES DE NOSSO PAÍS.

UNIDADE 4
O TRABALHO NOS LUGARES DE VIVÊNCIA

- QUE TRABALHADORES VOCÊ RECONHECE NA IMAGEM?
- O QUE FAZ CADA UM DESSES TRABALHADORES?
- QUAL É A IMPORTÂNCIA DO TRABALHO QUE ELES REALIZAM?

CAPÍTULO 1 — O TRABALHO NA ESCOLA

COMO É SEU PROFESSOR?

ERA UMA VEZ UMA PROFESSORA MUITO MALUQUINHA.
NA NOSSA IMAGINAÇÃO ELA ENTRAVA VOANDO PELA SALA (COMO UM ANJO) E TINHA ESTRELAS NO LUGAR DO OLHAR.
TINHA VOZ E JEITO DE SEREIA E VENTO O TEMPO TODO NOS CABELOS [...]
SEU RISO ERA SOLTO COMO UM PASSARINHO. [...]

ZIRALDO. UMA PROFESSORA MUITO MALUQUINHA. 12. ED. SÃO PAULO: MELHORAMENTOS, 1995. P. 5-11.

1 ACIMA, FAÇA UM DESENHO DE COMO VOCÊ IMAGINA QUE SEJA A PROFESSORA MALUQUINHA. DEPOIS, NO CADERNO, DESENHE SEU PROFESSOR.

OS PROFISSIONAIS DA ESCOLA

COMO VOCÊ SABE, A PROFESSORA OU O PROFESSOR É UM PROFISSIONAL QUE TRABALHA NA ESCOLA ENSINANDO OS ALUNOS.

NA ESCOLA TAMBÉM TRABALHAM OUTROS PROFISSIONAIS. CADA UM DESEMPENHA UMA TAREFA DIFERENTE, E TODOS JUNTOS CONTRIBUEM PARA CRIAR UM AMBIENTE AGRADÁVEL E SEGURO PARA OS ALUNOS ESTUDAREM E APRENDEREM. OBSERVE.

ATIVIDADES

1 COM O AUXÍLIO DO PROFESSOR, ASSINALE QUAIS DESTES PROFISSIONAIS TRABALHAM EM SUA ESCOLA E ESCREVA O NOME DELES.

A)
▶ AUXILIAR DE LIMPEZA

D)
▶ PROFESSOR

B)
▶ COZINHEIRA

E)
▶ SECRETÁRIA

C)
▶ DIRETORA

F)
▶ PORTEIRO

ENTREVISTA NA ESCOLA

VAMOS ORGANIZAR UMA EXPOSIÇÃO COM OS TRABALHADORES DA ESCOLA.

1. TIRE UMA FOTOGRAFIA DE UM DOS TRABALHADORES USANDO CÂMERA DIGITAL OU *SMARTPHONE*.
2. COM A AJUDA DO PROFESSOR OU DE OUTRO ADULTO, TRANSFIRA A FOTOGRAFIA PARA UM COMPUTADOR.
3. REÚNA AS IMAGENS E, COM O AUXÍLIO DO PROFESSOR, ELABORE PEQUENOS TEXTOS PARA AS FOTOGRAFIAS DESTACANDO AS INFORMAÇÕES A SEGUIR:
   - NOME DO ENTREVISTADO;
   - PROFISSÃO DELE;
   - HÁ QUANTO TEMPO ELE TRABALHA NA ESCOLA.
4. OS TRABALHOS PODEM SER IMPRESSOS E EXPOSTOS NA SALA DE AULA OU EM OUTRAS ÁREAS DA ESCOLA.

NOME: JOÃO CARLOS
PROFISSÃO: COZINHEIRO
HÁ QUANTO TEMPO TRABALHA NA ESCOLA: 3 ANOS

UM POUCO MAIS SOBRE

PENSANDO NO FUTURO

UMA DAS RAZÕES PARA FREQUENTARMOS A ESCOLA É APRENDER E, NO FUTURO, TER UMA PROFISSÃO.

O QUE É QUE EU VOU SER?
BETE QUER SER BAILARINA,
ZÉ QUER SER AVIADOR.
CARLOS VAI PLANTAR BATATA,
JUCA QUER SER ATOR.
CAMILA GOSTA DE MÚSICA.
PATRÍCIA QUER DESENHAR.
UMA VAI PEGANDO O LÁPIS,
A OUTRA PÕE-SE A CANTAR.
MAS EU NÃO SEI SE VOU SER
POETA, DOUTORA OU ATRIZ.
HOJE EU SÓ SEI UMA COISA:
QUERO SER MUITO FELIZ!

PEDRO BANDEIRA. *POR ENQUANTO EU SOU PEQUENO.* SÃO PAULO: MODERNA, 2009. P. 24.

1 VÁ ATÉ A PÁGINA 125 DA SEÇÃO **ENCARTES** E RECORTE OS PERSONAGENS. COLE-OS NO ESPAÇO ACIMA E FAÇA UMA LINHA LIGANDO CADA CRIANÇA A SEU NOME.

ATIVIDADES

1 COMPLETE O DIAGRAMA DE PALAVRAS COM O NOME DE PROFISSÕES DE PESSOAS QUE TRABALHAM NA ESCOLA.

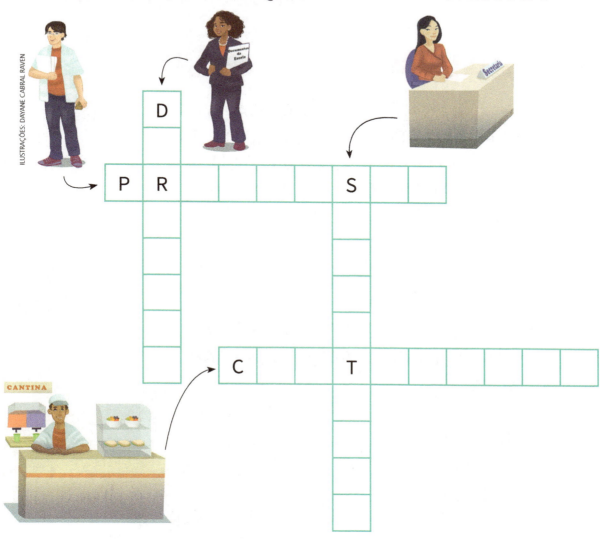

2 COM A AJUDA DO PROFESSOR, LIGUE CADA PROFISSIONAL A SUA FUNÇÃO.

A) DIRETORA

B) PROFESSORA

C) AUXILIAR DE LIMPEZA

D) SECRETÁRIO

- CUIDA DA DOCUMENTAÇÃO ESCOLAR.
- CUIDA DA LIMPEZA DA ESCOLA.
- DIRIGE A ESCOLA.
- ORGANIZA AS AULAS E ENSINA.

73

CAPÍTULO 2 — OUTROS PROFISSIONAIS

TRABALHADORES DA RUA

NA MANHÃ ENSOLARADA,
PEDALANDO PELA ESTRADA,
ALGUÉM VEM VINDO DO SUL:
É O CARTEIRO DA COMARCA
EM SEU UNIFORME AZUL, [...]

JANET E ALLAN AHLBERG. *O CARTEIRO CHEGOU*.
SÃO PAULO: COMPANHIA DAS LETRINHAS, 2007. P. 1.

1 AJUDE O CARTEIRO A SEGUIR PELO CAMINHO CORRETO PARA ENTREGAR A CARTA.

2 O CARTEIRO, O LIXEIRO E O FRUTEIRO SÃO ALGUNS PROFISSIONAIS QUE TRABALHAM NO ESPAÇO DA RUA. QUE OUTROS PROFISSIONAIS TAMBÉM TRABALHAM NA RUA?

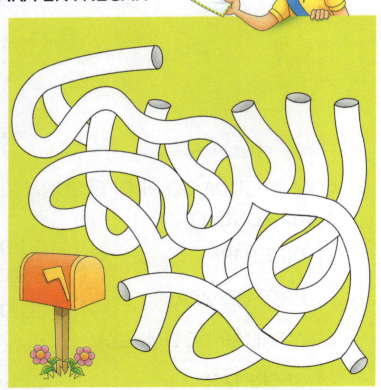

TRABALHADORES DA CIDADE

ALGUNS PROFISSIONAIS DA CIDADE REALIZAM SEU TRABALHO EM AMBIENTES FECHADOS, COMO LOJAS, FÁBRICAS E ESCRITÓRIOS. OUTROS TRABALHAM NA RUA, PRESTANDO SERVIÇOS À POPULAÇÃO. É O CASO DO CARTEIRO, COMO VIMOS NA ATIVIDADE ANTERIOR.

OBSERVE OUTROS TRABALHADORES.

▶ OS MOTORISTAS DE ÔNIBUS SÃO PRESTADORES DE SERVIÇO. SÃO PAULO, SÃO PAULO, 2016.

▶ OS MÉDICOS PRESTAM SERVIÇO À COMUNIDADE. SÃO PAULO, SÃO PAULO, 2016.

▶ OS FEIRANTES SÃO TRABALHADORES DO COMÉRCIO. ELES VENDEM PRODUTOS PARA OS CLIENTES. GOIÂNIA, GOIÁS, 2015.

▶ A INDÚSTRIA TRANSFORMA PRODUTOS E FABRICA NOVOS OBJETOS. MANAUS, AMAZONAS, 2013.

QUAL DESSES TRABALHADORES VOCÊ JÁ VIU REALIZANDO SEU TRABALHO? CONTE AOS COLEGAS.

CARTOGRAFAR

1 PEDRO MORA PRÓXIMO A SEU LOCAL DE TRABALHO. TODOS OS DIAS ELE SAI DO PRÉDIO ONDE MORA E CAMINHA ATÉ A FARMÁCIA, NA QUAL TRABALHA COMO BALCONISTA. NO TRAJETO, ELE PASSA:

- PELA CASA VERDE AO LADO DO PRÉDIO ONDE MORA;
- PELA ESCOLA DOS FILHOS;
- PELO POSTO DE GASOLINA;
- PELA BANCA DE JORNAL.

DESTAQUE A PÁGINA 127 DA SEÇÃO **ENCARTES**, RECORTE AS IMAGENS E COLE-AS NA ORDEM, CONSIDERANDO O TRAJETO DA CASA DE PEDRO ATÉ SEU LOCAL DE TRABALHO.

KAU BISPO

2 AGORA É SUA VEZ DE FAZER UM DESENHO, EM UMA FOLHA DE PAPEL AVULSA, MOSTRANDO O CAMINHO QUE VOCÊ PERCORRE DE CASA ATÉ A ESCOLA. COLOQUE NO DESENHO ALGUNS ELEMENTOS QUE OBSERVA NO CAMINHO. LEMBRE-SE DE MANTER A ORDEM EM QUE ELES SE ENCONTRAM. MOSTRE O DESENHO AOS COLEGAS.

3 SUA CASA FICA PERTO OU LONGE DA ESCOLA?

TRABALHADORES DO CAMPO

NO CAMPO, OS TRABALHADORES TÊM ATIVIDADES DIFERENTES DAQUELAS DOS TRABALHADORES DA CIDADE. CONHEÇA A SEGUIR ALGUMAS DESSAS ATIVIDADES.

- ATIVIDADES LIGADAS À TERRA.

▶ COLHEITA DE MORANGOS. TOCOS DO MOJI, MINAS GERAIS, 2016.

- ATIVIDADES LIGADAS À CRIAÇÃO DE ANIMAIS.

▶ ALIMENTAÇÃO DE GADO. CHAPECÓ, SANTA CATARINA, 2015.

- ATIVIDADES LIGADAS À EXTRAÇÃO DE PRODUTOS.

▶ COLETA DE CASTANHA-DO--PARÁ. ORIXIMINÁ, PARÁ, 2013.

1 OBSERVE A SEQUÊNCIA DE IMAGENS.

- QUAL É A IMPORTÂNCIA DO TRABALHO DE CADA PROFISSIONAL REPRESENTADO NAS IMAGENS? CONVERSE SOBRE ISSO COM OS COLEGAS.

2 PEDRO É PADEIRO; JOANA É MÉDICA. DEBATA COM OS COLEGAS E O PROFESSOR A IMPORTÂNCIA DO TRABALHO DE CADA UM E POR QUE UM TRABALHADOR DEPENDE DO OUTRO.

3 COM A AJUDA DO PROFESSOR, COMPLETE AS FRASES COM O NOME DO PROFISSIONAL.

A) O _____ AJUDA A MANTER AS RUAS LIMPAS.

B) O _____ CUIDA DE NOSSA SEGURANÇA.

C) O _____ CUIDA DE NOSSOS DENTES.

D) O _____ CUIDA DOS ANIMAIS.

GEOGRAFIA EM AÇÃO

MULHERES QUE CONSTROEM

NA CONSTRUÇÃO CIVIL ENCONTRAMOS HOMENS E MULHERES TRABALHANDO. O NÚMERO DE MULHERES QUE EXERCE ESSA FUNÇÃO ESTÁ AUMENTANDO NOS ÚLTIMOS ANOS. VAMOS LER A ENTREVISTA COM UMA DELAS: FÁTIMA WILHELM.

HÁ QUANTO TEMPO VOCÊ TRABALHA NA CONSTRUÇÃO DE MORADIAS?
TRABALHO NA CONSTRUÇÃO CIVIL DESDE 2008.

OS MATERIAIS UTILIZADOS MUDAM DE ACORDO COM O TERRENO ONDE A MORADIA É CONSTRUÍDA, POR EXEMPLO: CONSTRUÇÃO EM PRAIA, EM LOCAL FRIO, EM TERRENO INCLINADO, EM TERRENO MUITO ÚMIDO ETC.?
SIM, O USO DE ALGUNS MATERIAIS DEPENDE DA CONDIÇÃO DO SOLO ONDE HAVERÁ A CONSTRUÇÃO.

QUAL PARTE DA CONSTRUÇÃO DE UMA MORADIA É MAIS COMPLICADA?
A CONSTRUÇÃO DE UMA CASA COMO UM TODO NÃO É COMPLICADA, MAS DEVERÁ TER SEMPRE ACOMPANHAMENTO, CUIDADOS ESPECIAIS E TRABALHADORES QUE CONHECEM E REALIZAM MUITO BEM SUAS ATIVIDADES.

QUAL PARTE DA CONSTRUÇÃO VOCÊ MAIS GOSTA DE FAZER?
ACABAMENTO: PINTURAS, MASSA CORRIDA, LIXAÇÃO, TEXTURAS ETC.

VOCÊ JÁ TRABALHOU EM UMA CONSTRUÇÃO NA QUAL OS PROPRIETÁRIOS TIVERAM CUIDADOS COM O AMBIENTE? EM CASO AFIRMATIVO, QUAIS FORAM ESSES CUIDADOS?
SIM, JÁ TRABALHEI EM RESIDÊNCIAS PARTICULARES E ESPAÇOS COLETIVOS ONDE OS PROPRIETÁRIOS E RESPONSÁVEIS PELO LOCAL TINHAM CUIDADOS COM O MEIO AMBIENTE, COMO SEPARAÇÃO E COLOCAÇÃO DE LIXO EM LUGARES ADEQUADOS.

FÁTIMA TERESINHA BEIS WILHELM É PINTORA PREDIAL EM CANOAS, RIO GRANDE DO SUL.

REVENDO O QUE APRENDI

1 OBSERVE AS IMAGENS DE DIFERENTES TRABALHADORES. ESCREVA A PROFISSÃO DELES E CONVERSE COM OS COLEGAS SOBRE A IMPORTÂNCIA DO TRABALHO DE CADA UM.

 ▶ JUAZEIRO DO NORTE, CEARÁ, 2015.

 ▶ TERESÓPOLIS, RIO DE JANEIRO, 2014.

 ▶ TUCUMÃ, PARÁ, 2016.

 ▶ RIO DE JANEIRO, RIO DE JANEIRO, 2016.

2 COMPLETE AS FRASES.

A) ANTÔNIO TRABALHA CONSTRUINDO CASAS. ELE É _____.

B) JUSSARA TRABALHA NA ESCOLA PREPARANDO AULAS E ENSINANDO OS ALUNOS. ELA É _____.

C) GILBERTO TRABALHA PRINCIPALMENTE NO COMBATE A INCÊNDIOS. ELE É _____.

3 PENSE NA PROFISSÃO DAS PESSOAS DE SUA CONVIVÊNCIA. ESCOLHA UMA DELAS E DESENHE-A TRABALHANDO. CASO ELA USE ALGUM INSTRUMENTO OU EQUIPAMENTO ESPECIAL PARA REALIZAR O TRABALHO, DESENHE-O TAMBÉM.

4 QUE PROFISSÕES VOCÊ GOSTARIA DE EXERCER QUANDO FOR ADULTO?

NESTA UNIDADE VIMOS

- NA ESCOLA HÁ VÁRIOS PROFISSIONAIS. CADA UM DESEMPENHA UMA TAREFA, E TODOS JUNTOS TRABALHAM PARA CRIAR UM AMBIENTE AGRADÁVEL E SEGURO PARA OS ALUNOS ESTUDAREM.

▶ TODOS OS PROFISSIONAIS DA ESCOLA SÃO IMPORTANTES, COMO VOCÊ VIU NA PÁGINA 69.

- NAS CIDADES, ALGUNS PROFISSIONAIS TRABALHAM NO COMÉRCIO, OUTROS, NAS FÁBRICAS, E HÁ TAMBÉM OS QUE PRESTAM SERVIÇOS À POPULAÇÃO.

▶ OS MOTORISTAS DE ÔNIBUS SÃO PRESTADORES DE SERVIÇO, COMO VISTO NA PÁGINA 75.

- NO CAMPO, OS TRABALHADORES DESENVOLVEM ATIVIDADES LIGADAS À TERRA, À CRIAÇÃO DE ANIMAIS E À EXTRAÇÃO DE PRODUTOS DA NATUREZA.

▶ ATIVIDADES LIGADAS À TERRA OCORREM NO CAMPO, COMO MOSTRADO NA PÁGINA 77.

PARA FINALIZAR, RESPONDA:
- QUAIS PROFISSÕES VOCÊ ESTUDOU NESTA UNIDADE? CITE CINCO DELAS.
- TODOS OS PROFISSIONAIS SÃO IMPORTANTES? POR QUÊ?
- QUE PROFISSIONAIS TRABALHAM EM SUA ESCOLA?

PARA IR MAIS LONGE

LIVROS

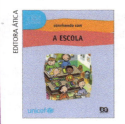

▶ **CONVIVENDO COM A ESCOLA**, DE LAURA JAFFÉ E LAURE SAINT-MARC. SÃO PAULO: ÁTICA, 2011.

O LIVRO FALA DAS PESSOAS QUE TRABALHAM EM UMA ESCOLA E DESTACA O PAPEL DE CADA UMA.

▶ **QUANDO EU CRESCER**, DE ANA MARIA MACHADO. SÃO PAULO: MODERNA, 2013.

BRINCANDO COM AS RIMAS E AS PALAVRAS, AQUI VOCÊ SERÁ APRESENTADO AO TEMA DA ESCOLHA DA PROFISSÃO.

▶ **SAMOT E AS PROFISSÕES**, DE REGINA DRUMMOND. SÃO PAULO: RIDEEL, 2012.

ALGUNS PENSAM QUE ELE É MÉDICO, OUTROS, DENTISTA, ASTRONAUTA... AJUDE A DECIFRAR A PROFISSÃO DE SAMOT.

▶ **LICO E LECO**, DE AINO HAVUKAINEN E SAMI TOIVONEN. SÃO PAULO: PANDA BOOKS, 2014.

DOIS IRMÃOS DECIDEM INVESTIGAR AONDE AS PESSOAS VÃO TODAS AS MANHÃS COM TANTA PRESSA.

FILME

▶ **UMA PROFESSORA MUITO MALUQUINHA**. DIREÇÃO DE CÉSAR TRINDADE E ANDRÉ ALVES PINTO. BRASIL: DILER TRINDADE, 2010, 90 MIN.

BASEADO NO LIVRO DO ESCRITOR ZIRALDO, O FILME CONTA A HISTÓRIA DE UMA PROFESSORA QUE VOLTA À CIDADE ONDE NASCEU E TRAZ CONSIGO NOVAS MANEIRAS DE ENSINAR, ENTUSIASMANDO OS ALUNOS.

SITE

▶ **O MENINO MALUQUINHO:** <HTTP://OMENINOMALUQUINHO.EDUCACIONAL.COM.BR>.

CONHEÇA A TURMA DO MENINO MALUQUINHO.

REFERÊNCIAS

ALMEIDA, Rosângela Doin de. *Do desenho ao mapa:* iniciação cartográfica na escola. São Paulo: Contexto, 2010.

_____ (Org.). *Cartografia escolar*. São Paulo: Contexto, 2010.

_____ (Org.). *Novos rumos da Cartografia escolar:* currículo, linguagem e tecnologia. São Paulo: Contexto, 2011.

_____; PASSINI, Elza Y. *O espaço geográfico:* ensino e representação. São Paulo: Contexto, 2002.

ATLAS geográfico escolar. 7. ed. Rio de Janeiro: IBGE, 2016.

BRASIL. Ministério da Educação. *Base Nacional Comum Curricular.* Disponível em: <http://basenacionalcomum.mec.gov.br/wp-content/uploads/2018/12/BNCC_19dez2018_site.pdf>. Acesso em: mar. 2019.

CARLOS, Ana Fani. *Novos caminhos da Geografia*. São Paulo: Contexto, 2002.

_____. *O lugar no/do mundo*. São Paulo: Labur Edições, 2007.

_____ (Org.). *A Geografia na sala de aula*. São Paulo: Contexto, 2010.

CASTELLAR, S.; CAVALCANTI, L.; CALLAI, H. (Org.). *Didática da Geografia:* aportes teóricos e metodológicos. São Paulo: Xamã, 2012.

_____ (Org.). *Educação geográfica:* teorias e práticas docentes. São Paulo: Contexto, 2010.

CASTRO, Iná (Org.). *Geografia:* conceitos e temas. Rio de Janeiro: Bertrand Brasil, 2010.

CASTROGIOVANI, A. C. *Geografia em sala de aula:* práticas e reflexões. Porto Alegre: UFRGS-AGB, 1999.

_____ (Org.). *Ensino de Geografia:* práticas e textualizações no cotidiano. Porto Alegre: Mediação, 2008.

CAVALCANTE, Lana de Souza. *O ensino de Geografia na escola*. Campinas: Papirus, 2012.

GIOMETTI, Analúcia B. R.; PITTON, Sandra E. C.; ORTIGOZA, Silvia A. G. *Leitura do espaço geográfico através das categorias:* lugar, paisagem e território. Unesp; Univesp, 2012. Disponível em: <www.acervodigital.unesp.br/bitstream/123456789/47175/1/u1_d22_v9_t02.pdf>. Acesso em: mar. 2019.

GODOY, Paulo Roberto Teixeira de (Org.). *História do pensamento geográfico e epistemologia em Geografia*. São Paulo: Cultura Acadêmica, 2010.

IBGE Educa. Disponível em: <https://educa.ibge.gov.br/>. Acesso em: mar. 2019.

IBGE. *Noções básicas de Cartografia*. Rio de Janeiro, 1998. Disponível em: <https://biblioteca.ibge.gov.br/visualizacao/monografias/GEBIS%20-%20RJ/ManuaisdeGeociencias/Nocoes%20basicas%20de%20cartografia.pdf>. Acesso em: mar. 2019.

JOLY, Fernand. *A Cartografia*. Campinas: Papirus, 1990.

KATUTA, Ângela Massumi et al. *(Geo)grafando o território:* a mídia impressa no ensino de Geografia. São Paulo: Expressão Popular, 2009.

OLIVEIRA, Lívia de. Estudo metodológico e cognitivo do mapa. In: ALMEIDA, Rosângela Doin de (Org.). *Cartografia escolar*. São Paulo: Contexto, 2010.

PASSINI, Elza Yasuko. *Prática de ensino de Geografia e estágio supervisionado*. São Paulo: Contexto, 2007.

PONTUSCHKA, Nídia Nacib; PAGANELLI, Tomoko Lyda; CACETE, Nuria Hanglei. *Para ensinar e aprender Geografia.* São Paulo: Cortez, 2007.

_____; OLIVEIRA, Ariovaldo Umbelino (Org.). *Geografia em perspectiva*. São Paulo: Contexto, 2002.

SANTOS, Milton. *Pensando o espaço do homem*. São Paulo: Edusp, 2007.

SIMIELLI, Maria Elena. *Primeiros mapas:* como entender e construir. São Paulo: Ática, 2010.

STRAFORINI, Rafael. *Ensinar Geografia:* o desafio da totalidade-mundo nas séries iniciais. São Paulo: Annablume, 2006.

VESENTINI, José W. (Org.) *Ensino de Geografia para o século XXI*. Campinas: Papirus, 2005.

ATIVIDADES PARA CASA

UNIDADE 1

1 COMPLETE O DESENHO A SEGUIR PARA REPRESENTAR O CORPO HUMANO. DEPOIS, PINTE-O DE ACORDO COM SUAS CARACTERÍSTICAS FÍSICAS. NÃO SE ESQUEÇA DE DESENHAR O CABELO E AS ROUPAS.

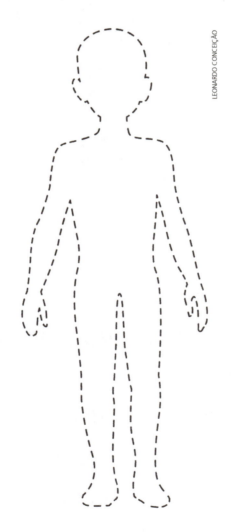

LEONARDO CONCEIÇÃO

2 USANDO MASSINHA DE MODELAR, REPRESENTE O CORPO HUMANO. NO DIA MARCADO PELO PROFESSOR, LEVE PARA A SALA DE AULA SEU TRABALHO E, JUNTO COM O DOS COLEGAS, FAÇAM UMA EXPOSIÇÃO.

3 OBSERVE A IMAGEM E DEPOIS ASSINALE COM **X** A RESPOSTA CORRETA.

A) O SOL ESTÁ:

☐ ENTRE AS ÁRVORES.

☐ NA FRENTE DO MENINO DE VERMELHO.

B) O CACHORRO ESTÁ:

☐ AO LADO DO TREPA-TREPA.

☐ EMBAIXO DO TREPA-TREPA.

☐ EM CIMA DO TREPA-TREPA.

C) A BORBOLETA AZUL ESTÁ:

☐ MAIS PERTO DA BOLA.

☐ MAIS PERTO DO ESCORREGADOR.

4 DESENHE UM OBJETO QUE ESTÁ:

NA SUA FRENTE

DO SEU LADO ESQUERDO		DO SEU LADO DIREITO

5 DESENHE DENTRO DA CESTA DUAS FRUTAS DE QUE VOCÊ GOSTA.

6 COMPLETE A ILUSTRAÇÃO DESENHANDO OS OBJETOS DE ACORDO COM AS PISTAS A SEGUIR.

A) O COPO ESTÁ EM CIMA DA MESA.
B) A LIXEIRA ESTÁ AO LADO DA GELADEIRA.
C) O TAPETE ESTÁ NA FRENTE DA PIA.
D) UMA COLHER CAIU EMBAIXO DA MESA.
E) A PANELA ESTÁ EM CIMA DO FOGÃO.

7 COLOQUE **D** PARA AS IMAGENS QUE MOSTRAM UMA PAISAGEM DURANTE O **DIA** E **N** PARA AS QUE MOSTRAM UMA PAISAGEM DURANTE A **NOITE**.

▶ MANAUS, AMAZONAS, 2019.

▶ RECIFE, PERNAMBUCO, 2017.

▶ SÃO PAULO, SÃO PAULO, 2016.

▶ QUERÊNCIA, MATO GROSSO, 2018.

8 **CIRCULE** A FOTOGRAFIA QUE REPRESENTA O QUE VOCÊ COSTUMA FAZER DURANTE O DIA, E MARQUE UM **X** NAQUELA COM O QUE VOCÊ COSTUMA FAZER À NOITE.

▸ VAI À ESCOLA.

▸ DORME.

▸ BRINCA.

▸ TOMA BANHO.

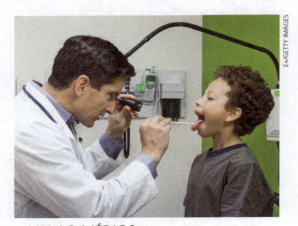

▸ VAI AO MÉDICO.

▸ ASSISTE TELEVISÃO.

9 LIGUE O SÍMBOLO AO PERÍODO QUE ELE COSTUMA REPRESENTAR.

DIA

NOITE

10 **CIRCULE** OS SÍMBOLOS QUE PODEM SER UTILIZADOS PARA REPRESENTAR UM DIA NUBLADO, E MARQUE UM **X** NAQUELES QUE PODEM REPRESENTAR UM DIA COM VENTO.

11 CUBRA O PONTILHADO E ESCREVA A CONDIÇÃO DO TEMPO MOSTRADA EM CADA IMAGEM.

CHUVOSO

ENSOLARADO

COM VENTO

NUBLADO

UNIDADE 2

1 OBSERVE A IMAGEM E DEPOIS RESPONDA ÀS QUESTÕES:

▶ MANAUS, AMAZONAS, 2015.

A) QUANTAS CASAS TÉRREAS ESTÃO RETRATADAS NESSA IMAGEM?

_____

B) QUAL É A COR DA CASA QUE ESTÁ ENTRE A CASA LARANJA E A AZUL?

_____

C) QUAL É A COR DAS JANELAS DA CASA QUE ESTÁ ATRÁS DO POSTE DE ILUMINAÇÃO?

_____

D) QUAIS SÃO AS CORES DO SOBRADO?

_____

2 ESCREVA **M** SE A CASA FOR DE MADEIRA, **T** SE FOR DE TIJOLO E CIMENTO, **P** SE FOR DE PEDRA E **B** SE FOR DE BARRO.

3 QUAL DOS MATERIAIS A SEGUIR NÃO PODE SER USADO NA CONSTRUÇÃO DE UMA MORADIA? CIRCULE-O.

4 LIGUE O TIPO DE MORADIA COM O NOME. DEPOIS, **CIRCULE** A QUE MAIS SE PARECE COM SUA MORADIA.

TÉRREA   SOBRADO   PRÉDIO   PALAFITA

5 LEVE A MENINA ATÉ O CÔMODO DA CASA ONDE ELA TOMA BANHO. LEVE O MENINO ATÉ O CÔMODO DA CASA ONDE É FEITA A COMIDA.

6 LIGUE OS CÔMODOS À PARTE DA CASA EM QUE ELES FICAM.

BANHEIRO

QUINTAL　　　　　　　　　◆ PARTE EXTERNA

QUARTO

GARAGEM

SALA　　　　　　　　　　　◆ PARTE INTERNA

COZINHA

7 FAÇA UM DESENHO QUE MOSTRE COMO SUA MORADIA SE DIVIDE INTERNAMENTE, OU SEJA, QUANTOS CÔMODOS ELA TEM.

8 DESENHE O QUE VOCÊ MAIS GOSTA DE FAZER NA ESCOLA.

9 COM O AUXÍLIO DO PROFESSOR, MARQUE AS RESPOSTAS QUE COMPLETAM CORRETAMENTE A FRASE:

"NA ESCOLA..."

- ☐ APRENDEMOS A LER, ESCREVER E CONTAR.
- ☐ APRENDEMOS O QUE JÁ SABEMOS.
- ☐ FAZEMOS AMIGOS.
- ☐ SEGUIMOS ALGUMAS REGRAS.

10 PINTE AS ATITUDES CORRETAS EM RELAÇÃO AO ESPAÇO DA SALA DE AULA.

- ☐ MANTER A SALA DE AULA LIMPA.
- ☐ CONSERVAR OS MÓVEIS E OBJETOS.
- ☐ RESPEITAR OS COLEGAS E O PROFESSOR.
- ☐ QUANDO NECESSÁRIO, AJUDAR OS COLEGAS EM SUAS TAREFAS.

11 PINTE OS QUADRINHOS ABAIXO PARA INDICAR O NÚMERO DE BANHEIROS E SALAS DE AULA QUE HÁ EM SUA ESCOLA.

A) BANHEIROS

B) SALAS DE AULA

12 DESENHE SUA ESCOLA VISTA DE FRENTE.

UNIDADE 3

1 RELACIONE O NOME DA BRINCADEIRA OU DO JOGO À REPRESENTAÇÃO DELES.

☐ BRINCAR DE PEGA-PEGA.

☐ BRINCAR NO ESCORREGADOR.

☐ BRINCAR DE CAVALINHO.

2 LIGUE CADA BRINQUEDO AO NOME DELE.

ESCORREGADOR

PETECA

BAMBOLÊ

CARRO

PIÃO

BONECO

AVIÃO

BOLA

CORDA

BALANÇO

GANGORRA

CARROSSEL

URSO DE PELÚCIA

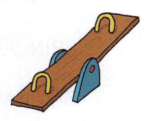

ILUSTRAÇÕES: GUTTO PAIXÃO

3 PINTE AS BRINCADEIRAS QUE VOCÊ COSTUMA PRATICAR COM OS COLEGAS.

- CORDA
- ESCONDE-ESCONDE
- ELÁSTICO
- PEGA-PEGA
- BOLA
- AMARELINHA
- BALANÇO
- DOMINÓ
- ESCORREGADOR
- CORRIDA

4 QUAL É SUA BRINCADEIRA FAVORITA?

_____

_____

_____

5 LIGUE CADA BRINQUEDO ANTIGO AO BRINQUEDO ATUAL QUE CORRESPONDE A ELE.

6 ASSINALE O MATERIAL UTILIZADO PARA FAZER OS BRINQUEDOS A SEGUIR.

A)

☐ MADEIRA
☐ METAL

C)

☐ TECIDO
☐ PLÁSTICO

B)

☐ MADEIRA
☐ METAL

D)

☐ TECIDO
☐ PLÁSTICO

7 ORGANIZE AS SÍLABAS E ESCREVA O NOME DOS LUGARES QUE PODEM SER ESPAÇOS DE LAZER OU QUE PODEM SER USADOS PARA BRINCADEIRAS E JOGOS.

NHO QUI PAR

QUE PAR

A PRAI

TRO TE A

ÇA PRA

DRA QUA

8 PINTE DE **AZUL** AS BRINCADEIRAS QUE NORMALMENTE SÃO FEITAS FORA DA MORADIA, E DE **VERDE** AS QUE SÃO FEITAS DENTRO DA MORADIA.

- PULAR CORDA
- BRINCAR DE TACO
- JOGAR FUTEBOL
- JOGAR DOMINÓ
- JOGAR *VIDEO GAME*
- BRINCAR DE ELÁSTICO

9 DESENHE O LUGAR EM QUE VOCÊ MAIS GOSTA DE BRINCAR.

- ESSE LUGAR FICA DENTRO OU FORA DE SUA MORADIA?

_____

_____

10 QUAIS ATIVIDADES PODEM SER FEITAS NOS ESPAÇOS PÚBLICOS? ASSINALE AS IMAGENS QUE AS REPRESENTAM.

11 LIGUE AS IMAGENS DOS LUGARES EM QUE AS CRIANÇAS ESTÃO BRINCANDO À CARACTERÍSTICA DO TEMPO QUE MELHOR OS REPRESENTA.

CHUVOSO

FRIO

QUENTE

12 COMO É O LUGAR EM QUE VOCÊ COSTUMA BRINCAR? PINTE AS CARACTERÍSTICAS CORRETAS.

QUENTE

FRIO

CHUVOSO

SECO

UNIDADE 4

1 TROQUE OS SÍMBOLOS POR LETRAS E ESCREVA O NOME DAS PROFISSÕES QUE EXISTEM EM UMA ESCOLA.

A) RESPONSÁVEL PELA ADMINISTRAÇÃO DA ESCOLA.

_____

B) ORGANIZA AS AULAS E ENSINA.

_____

C) CUIDA DA DOCUMENTAÇÃO ESCOLAR.

_____

D) PREPARA OS ALIMENTOS NA ESCOLA.

_____

2 QUE PROFISSIONAIS FORAM APRESENTADOS PELAS FOTOGRAFIAS? ENCONTRE OS NOMES NO DIAGRAMA.

A	U	X	I	K	L	E	A	R	A	D	E	C	A	D	U	E
P	O	A	S	A	L	D	I	R	E	T	O	R	A	U	L	R
B	R	E	I	R	O	S	I	C	A	N	T	U	N	A	R	E
P	O	R	T	E	I	R	O	C	I	R	O	M	E	R	A	L
A	B	E	T	R	A	I	R	N	L	A	I	S	E	R	A	M
N	A	T	J	A	R	D	I	N	E	I	R	O	S	A	R	O
J	A	R	D	E	R	A	C	A	N	T	I	N	E	I	R	O
A	U	X	I	L	I	A	R	D	E	L	I	M	P	E	Z	A

3 PINTE OS DESENHOS QUE APRESENTAM ATITUDES DE CONVÍVIO ADEQUADAS NO ESPAÇO DA BIBLIOTECA.

4 COMPLETE COM AS VOGAIS PARA ESCREVER O NOME DO PROFISSIONAL DA ESCOLA APRESENTADO EM UMA DAS IMAGENS QUE VOCÊ COLORIU.

B___BL_____T__C__R_____

5 CIRCULE AS IMAGENS QUE REPRESENTAM OS PROFISSIONAIS QUE TRABALHAM NA ESCOLA.

6 ESCREVA **1** NAS IMAGENS QUE REPRESENTAM TRABALHADORES DO CAMPO E **2** NAS QUE REPRESENTAM OS DA CIDADE.

7 LIGUE O TRABALHADOR A UM DE SEUS INSTRUMENTOS DE TRABALHO.

8 PINTE AS ATIVIDADES REALIZADAS POR TRABALHADORES NO CAMPO.

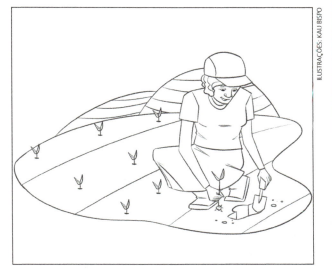

9 ASSINALE COM **X** AS FRASES VERDADEIRAS.

☐ O CARTEIRO TRABALHA EM UM AMBIENTE FECHADO.

☐ QUEM COMBATE INCÊNDIOS É O BOMBEIRO.

☐ ATIVIDADES LIGADAS À TERRA OCORREM NO CAMPO.

☐ O POLICIAL CUIDA DE NOSSOS DENTES.

10 AJUDE AS PESSOAS QUE TRABALHAM NO ESPAÇO DA RUA A CHEGAR À CIDADE.

CADERNO DE CARTOGRAFIA

DENTRO E FORA

1 OBSERVE ATENTAMENTE OS DESENHOS E PINTE SOMENTE A CRIANÇA QUE ESTÁ DENTRO DA CASA.

2 QUANTAS ABELHAS ESTÃO FORA DA COLMEIA? PINTE-AS.

ESQUERDA E DIREITA

1 PINTE DE **AMARELO** OS PÁSSAROS QUE VOAM PARA A DIREITA, E DE **VERDE** OS QUE VOAM PARA A ESQUERDA. LEMBRE-SE:

AO REDOR DA CASA

1 DESTAQUE ESTA PÁGINA. RECORTE OS DESENHOS E COLE-OS EM UMA FOLHA DE PAPEL AVULSA CONFORME AS SEGUINTES INDICAÇÕES:

A) A CASA NO MEIO DA FOLHA DE PAPEL;
B) O JARDIM FLORIDO NA FRENTE DA CASA;
C) A ÁRVORE AO LADO DA CASA;
D) A ANTENA EM CIMA DA CASA;
E) A CASINHA DE CACHORRO EMBAIXO DA ÁRVORE;
F) O CACHORRO DENTRO DA CASINHA.

RECORTAR

MAPA MENTAL

1 TODOS OS DIAS VOCÊ SAI DE SUA SALA DE AULA, CAMINHA ATÉ O PORTÃO DA ESCOLA E VAI EMBORA. FECHE OS OLHOS E LEMBRE-SE DESSE CAMINHO.

DESENHE-O NO ESPAÇO ABAIXO INDICANDO O QUE EXISTE NESSE TRAJETO. DEPOIS, DESTAQUE ESTA PÁGINA E MOSTRE SEU DESENHO AOS COLEGAS. COMPAREM OS DESENHOS. TODOS INCLUÍRAM OS MESMOS ELEMENTOS? O PROFESSOR IRÁ EXPOR OS TRABALHOS NA SALA DE AULA.

ENCARTES

PEÇAS PARA A ATIVIDADE DA PÁGINA 14.

PEÇAS PARA A ATIVIDADE DA PÁGINA 30.

RECORTAR

PEÇAS PARA A ATIVIDADE DA PÁGINA 57.

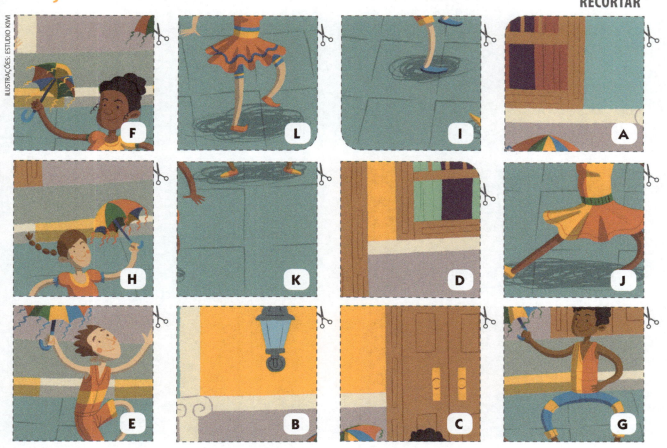

PEÇAS PARA A ATIVIDADE DA PÁGINA 72.

PEÇAS PARA A ATIVIDADE DA PÁGINA 76.

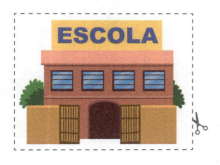